A Bíblia:
Um Diário de Leitura

Luiz Paulo Horta

*A Bíblia:
Um Diário de Leitura*

4ª reimpressão

Copyright © 2011, Luiz Paulo Horta

Copyright desta edição © 2011:
Jorge Zahar Editor Ltda.
rua Marquês de S. Vicente 99 – 1º | 22451-041 Rio de Janeiro, RJ
tel (21) 2529-4750 | fax (21) 2529-4787
editora@zahar.com.br | www.zahar.com.br

Todos os textos da Bíblia são aqui reproduzidos
em acordo com a Editora Ave-Maria

Todos os direitos reservados.
A reprodução não autorizada desta publicação, no todo
ou em parte, constitui violação de direitos autorais. (Lei 9.610/98)

Grafia atualizada respeitando o novo Acordo Ortográfico da Língua Portuguesa

4ª reimpressão: 2014

Revisão: Eduardo Monteiro, Eduardo Farias
Projeto gráfico: Mari Taboada | Capa: Victor Burton
Imagem da capa: *A fuga para o Egito*, de Giotto. Capella degli Scrovegni, Pádua.

CIP-Brasil. Catalogação na fonte
Sindicato Nacional dos Editores de Livros, RJ

	Horta, Luiz Paulo
H811b	A Bíblia: um diário de leitura / Luiz Paulo Horta. – Rio de Janeiro: Zahar, 2011.
	Inclui bibliografia
	ISBN 978-85-378-0726-2
	1. Bíblia – Leitura. I. Título.

11-4705

CDD: 220
CDU: 27-23

Ao Grupo da Bíblia

Sumário

Apresentação — 9

1. Quem escreveu a Bíblia? — 11
2. Gêneros literários: o Gênesis — 19
3. Teofania — 26
4. Eva — 30
5. O pecado original — 36
6. Abraão — 43
7. A prova — 48
8. Jacó, o esperto — 53
9. Israel no Egito — 58
10. Moisés e o faraó — 61
11. O milagre — 65
12. No deserto — 71
13. A Lei — 78
14. Débora — 84
15. Sansão — 92
16. O trono e o Templo — 96
17. Davi e Golias — 102
18. A Arca em Jerusalém — 108
19. A queda — 112

20. Absalão, Absalão… — *118*
21. Salmos: luz e sombra — *124*
22. Salomão — *133*
23. Erotismo na Bíblia — *140*
24. Profetas — *145*
25. O maior de todos — *152*
26. O segundo Isaías — *161*
27. Sabedoria tranquila: o Eclesiástico — *169*
28. Jó — *181*
29. O precursor — *190*
30. Maria — *195*
31. O Cristo — *202*
32. Sentimentos — *212*
33. Reflexões — *217*
34. O processo — *221*
35. A Paixão — *226*
36. Ressurreição — *232*
37. Pentecostes — *237*

Referências bibliográficas — *245*
Sobre o autor — *247*

Apresentação

Este livro surgiu a partir de um grupo de leitura da Bíblia que se reunia em Botafogo, Rio de Janeiro, em meados dos anos 1990. Éramos vinte, trinta pessoas, e nos encontrávamos às segundas-feiras para ler e discutir, sem pressa, um capítulo depois do outro, essa pequena biblioteca que se chama a Bíblia. E assim descobrimos a vitalidade inesgotável deste que é o livro-texto da civilização ocidental. Descobrimos, sobretudo, que estávamos diante de uma coisa viva que, a partir de certo ponto, começa a dialogar com você, a desafiar você.

É essa coisa viva, e esse longo diálogo, que se tentou reproduzir nas páginas seguintes. A intenção era mostrar o maravilhoso contraponto que existe entre o Antigo e o Novo Testamento; o modo como um remete constantemente ao outro. Nenhuma pretensão, aqui, de apresentar uma cristologia consistente – o que fugiria às dimensões do livro e à capacidade do autor. Mas nos pareceu que chegar ao Cristo depois de uma viagem pelo Antigo Testamento joga uma luz nova sobre a figura central dessa história.

Para o leitor comum, a Bíblia, a uma primeira abordagem, pode ser difícil. Uma "leitura dinâmica" como aqui se propõe talvez diminua essa dificuldade; e, nesse *vol d'oiseau*, fica mais fácil enxergar a unidade do conjunto. Isso também torna (esperamos) futuras leituras mais enriquecedoras.

1. *Quem escreveu a Bíblia?*

A Bíblia não foi escrita por um anjo – ao contrário, por exemplo, do Alcorão, livro sagrado dos muçulmanos, que acreditam ter sido ditado ao profeta Maomé pelo arcanjo Gabriel (o mesmo que aparece na tradição cristã).

Na Bíblia, que é o livro sagrado dos judeus e dos cristãos (com diferenças de texto, óbvio), sentimos a todo momento a presença do redator humano – do escriba, humilde ou elevado, que se sentou, uma pena na mão, para relatar uma história que ele sabia não ser parecida com nenhuma outra.

São Paulo está presente em suas Epístolas; são João, no Evangelho que ele escreveu. Pensando no que os cristãos chamam

> Na Bíblia sentimos a presença do redator humano, que se sentou para relatar uma história que ele sabia não ser parecida com nenhuma outra.

> O narrador bíblico está lá e, de repente, é como se o chão lhe fugisse debaixo dos pés e ele começasse a voar.

de Antigo Testamento, temos livros históricos como os de Esdras e Neemias – que eles redigiram; podemos imaginar os escribas de Davi narrando as histórias do grande rei; podemos facilmente imaginar (mesmo sem conhecer o seu nome) a figura do sábio judeu que escreveu o Eclesiástico.

Muitas e muitas vezes sentimos essa presença humana – o suor que é consequência do esforço; a tensão de um redator que está escrevendo algo inusitado.

Mas o que é que faz a Bíblia ser o que ela é? O fato de, tanto quanto essa presença humana, sentirmos a manifestação, aqui e ali, de um sopro que é o que, à falta de melhor termo, chamamos de inspiração (etimologicamente, "a entrada do ar nos pulmões"). O narrador bíblico está lá – uns com mais talento que outros – cumprindo a sua vocação; e, de repente, é como se o chão lhe fugisse debaixo dos pés e ele começasse a voar.

Um bom exemplo disso se encontra no começo do Evangelho de são Lucas – um Evangelho mais pesquisado, mais trabalhado que os de seus antecessores, Marcos e Mateus. Lucas foi buscar os antecedentes da história de

Jesus; e, assim, começa contando o nascimento de João Batista, o precursor.

O pai de João Batista, Zacarias, era sacerdote no Templo — e chega o dia em que, numa escala de revezamentos, lhe cabe oferecer o sacrifício no altar dos perfumes.

Zacarias entra no santuário para oferecer o perfume, enquanto o povo aguarda lá fora (só os sacerdotes entravam no âmago do Templo). E é então que um anjo aparece, à direita do altar, e lhe faz revelações extraordinárias. Embora ele fosse velho, como sua mulher, Isabel, um menino lhes nascerá, que será "grande diante do Senhor" e que "desde o ventre de sua mãe será cheio do Espírito Santo". Muitas outras coisas diz o anjo.

Era demais para Zacarias. Naquele Israel que antecede imediatamente o início da era cristã, o céu estava silencioso há séculos, desde que se calara a voz do último profeta. Esperando o Messias prometido, Israel procurava manter-se fiel, na medida do possível, às prescrições da Lei mosaica, enquanto ia levando a vida debaixo do jugo pesado dos romanos.

> Naquele Israel que antecede o início da era cristã, o céu estava silencioso há séculos, desde que se calara a voz do último profeta.

Zacarias duvida. "Como posso ter certeza disso? Pois sou velho, e minha mulher é de idade avançada." O anjo responde: "Eu sou Gabriel, que assisto diante de Deus, e fui enviado para te trazer esta notícia. Eis que ficarás mudo e não poderás falar até o dia em que essas coisas acontecerem, visto que não deste crédito às minhas palavras, que se hão de cumprir a seu tempo."

Zacarias fica mudo, e a narração prossegue, passando agora para a Anunciação do anjo à Virgem Maria. Maria engravida; mas Isabel engravidara antes – de Zacarias, contra toda probabilidade.

João Batista, portanto, é alguns meses mais velho que o Menino Jesus. Quando ele nasce (Zacarias continua mudo), a família marca a circuncisão segundo a tradição judaica, e todos querem que ele se chame Zacarias, em homenagem ao pai. Mas o pai faz sinal que não, pede uma tabuinha e escreve, de acordo com o que lhe dissera o anjo: "João é o seu nome." Espanto geral; e, imediatamente, desata-se a língua de Zacarias. Ele irrompe num cântico que traz essa marca da inspiração na Bíblia. Diz o Zacarias libertado da mudez:

"Bendito seja o Senhor, Deus de Israel, porque visitou e resgatou o seu povo, e suscitou-nos um poderoso Salvador, na casa de Davi, seu servo – como havia anunciado, desde os primeiros tempos, mediante os seus santos profetas –, para nos livrar dos nossos inimigos e das mãos de todos os que nos odeiam. Assim exerce a sua misericórdia com os nossos pais, e se recorda de sua santa aliança, segundo o juramento que fez a nosso pai Abraão: de nos conceder que, sem temor, libertados de mãos inimigas, possamos servi-lo em santidade e justiça, em sua presença, todos os dias da nossa vida.

"E tu, menino, serás chamado profeta do Altíssimo, porque precederás o Senhor e lhe prepararás o caminho, para dar a seu povo conhecer a salvação, pelo perdão dos pecados, graças à ternura e misericórdia do nosso Deus, que nos vai trazer do alto a visita do sol nascente, que há de iluminar os que jazem nas trevas e na sombra da morte e dirigir os nossos passos no caminho da paz."

Jorro de inspiração que é uma das marcas registradas da Bíblia e que dificilmente se poderia atribuir ao talento literário ou ao simples gênio poético.

É muito diferente você ler um Shakespeare, por exemplo, ou um Tolstoi, sabendo, pelo texto, que está conversando com um gênio. Na Bíblia, o gênero narrativo pode seguir o seu ritmo tranquilo, às vezes quase prosaico, até o momento em que sentimos que o tom mudou e que alguma coisa misteriosa está por trás das palavras.

Nesse mesmo comecinho de são Lucas, é o que acontece com a Virgem Maria quando ela visita sua prima Isabel. Ao encontrarem-se as duas (ambas grávidas), diz o texto que, "apenas Isabel ouviu a saudação de Maria, a criança estremeceu no seu ventre; e Isabel ficou cheia do Espírito Santo". Ela se dirige à prima com as palavras que encontrariam lugar na Ave-Maria: "Bendita és tu entre as mulheres e bendito é o fruto do teu ventre." Respondendo, Maria se lança ao verdadeiro hino que é o "Magnificat", contraponto do "hino" de Zacarias: "Minha alma engrandece ao Senhor, meu espírito exulta em Deus, meu Salvador, porque olhou para a humildade da sua serva; de ora em diante, todas as gerações me chamarão de bem-aventurada."

Nos Evangelhos, essa presença da inspiração é constante, porque ela se manifesta a cada palavra do Cristo – palavras que quebram, por exemplo, o tom quase relatorial de um são Mateus. Mas no Antigo Testamento dos cristãos (que é a Bíblia judaica), está lá a mesma presença, de maneira muito forte, nos escritos proféticos.

Estes servem de exemplo perfeito para a questão da inspiração. Porque o profeta, por definição, é alguém que é "convocado" para passar uma mensagem específica num tempo específico – normalmente, momentos de grande angústia da vida de Israel.

O profeta não é exatamente aquele que prediz o futuro, segundo a convicção corrente, e sim o porta-voz de uma mensagem urgente. Para cumprir essa função, ele é como que "apanhado no laço". "O leão ruge... O Senhor Javé fala. Quem não profetizará?", diz Amós.

Há casos em que essa convocação é dramática — a de Moisés, por exemplo, o primeiro e o maior de todos os profetas. Chamado a liderar a saída do povo judeu do Egito, ele tenta

> O profeta não é exatamente aquele que prediz o futuro, e sim o porta-voz de uma mensagem urgente.

de todas as maneiras esquivar-se da incumbência, argumentando, por exemplo, que é gago, que não sabe falar. Tudo em vão: é ele o escolhido.

Ainda mais dramática é a história de Jeremias, porque aquele era o momento mais escuro da história de Israel, com os babilônios chegando para destruir o Templo e levar o povo para o exílio. O Livro de Jeremias abre com um toque de clarim:

"Palavras de Jeremias, filho de Helcias, um dos sacerdotes que viviam em Anatot, na terra de Benjamim.

"A palavra do Senhor foi-lhe dirigida no tempo de Josias, filho de Amon, rei de Judá, no décimo terceiro ano do seu reinado. Foi-lhe ainda dirigida no tempo de Joaquim, filho de Josias, rei de Judá, até o fim do décimo primeiro ano do reinado de Sedecias, filho de Josias, rei de Judá, até a deportação dos habitantes de Jerusalém, no quinto mês." (Tudo isso para marcar exatamente as circunstâncias do chamado —

Quem escreveu a Bíblia?

que não foi o delírio de um sonhador, ou de um visionário; bem que ele queria escapar ao seu destino.)

E começa o texto principal:

"Foi-me dirigida nestes termos a palavra do Senhor: 'Antes que no seio fosses formado, eu já te conhecia; antes de teu nascimento, eu já te havia consagrado, e te havia designado profeta das nações.'

"E eu respondi: 'Ah, Senhor Javé, eu nem sei falar, pois que sou apenas uma criança.'

"Replicou, porém, o Senhor: 'Não digas: sou apenas uma criança; porquanto irás procurar todos aqueles aos quais te enviar, e a eles dirás o que eu te ordenar. Não deverás temê-los, porque estarei contigo para livrar-te – oráculo do Senhor.'"

E, daí em diante, seguimos as peripécias de Jeremias – talvez o livro mais patético da Bíblia, porque ele é um homem comum, e não uma grande personalidade como Moisés, e deve dizer o que não gostaria de dizer a um povo que queria ouvir coisas totalmente diferentes; e assim ele vai até o seu fim obscuro, provavelmente trágico. Mas, nessa escuridão, há a promessa da aurora – uma voz tão forte que ajudou Israel a atravessar o seu tempo mais sombrio.

> E assim Jeremias vai até o seu fim obscuro, provavelmente trágico. Mas, nessa escuridão, há a promessa da aurora.

2. *Gêneros literários: o Gênesis*

Poucas coisas são tão importantes, na Bíblia, quanto a distinção entre os gêneros literários – os diferentes estilos em que os seus vários capítulos foram escritos. Nessa vasta coleção de textos, há os que pertencem ao gênero histórico – o Livro dos Reis, o Livro de Esdras, o de Neemias, o dos Macabeus; há os livros de sabedoria – Provérbios, Eclesiástico; os que são verdadeiros poemas – Jó, o Cântico dos Cânticos, a coleção de Salmos; os Livros Proféticos; os que pretendem contar histórias edificantes – Ruth, Tobias.

E há o caso muito especial do Gênesis – logo o primeiro livro da série, atribuído a Moisés, e talvez o que maiores dificuldades coloque ao leitor moderno.

Já houve quem perdesse a fé porque não conseguiu estabelecer a relação entre a história de Adão e Eva e as con-

> Já houve quem perdesse a fé porque não conseguiu estabelecer a relação entre a história de Adão e Eva e as descobertas da ciência.

tínuas descobertas da ciência relacionadas com o homem primitivo. Nos Estados Unidos, recentemente, chegaram a ocorrer conflitos de opinião entre os defensores da tese "criacionista" – o mundo começando num momento dado, a partir do *fiat* divino – e a teoria da evolução.

É um choque que não deveria existir. A Igreja católica, por exemplo, há muito tempo deixou de discutir com a ciência sobre os primórdios do gênero humano. Você pode acreditar no *fiat*, ou pode achar que os primeiros homens foram surgindo aos poucos, de dentro da cadeia evolutiva – contanto que você admita que, num determinado momento dessa cadeia, a ação divina introduziu um "princípio", um fato novo, que não pode ser explicado pelo simples encadeamento de fenômenos naturais.

A confusão vem de se querer tomar os primeiros capítulos da Bíblia como se fossem uma reportagem sobre o começo do mundo, o que eles não são – assim como o Apocalipse não parece uma narração "realista" sobre o final dos tempos (e é significativo que, na Bíblia, tanto o começo como o fim estejam envolvidos nesse halo de mistério).

Voltando ao Gênesis: aquelas narrativas de abertura compõem o que se pode chamar de uma história sagrada – tão ou mais verdadeira do que a "outra" história, mas narrada num tom absolutamente peculiar. Esse tom se parece com o das cosmogonias – histórias da criação – vindas de outras culturas. Estamos pisando, ao menos em parte, no território do mito.

Essa palavra talvez sugira, para o leitor moderno, o mesmo que uma invenção, uma ficção, uma lenda. Assim ela foi encarada ao longo de todo o século XIX, quando uma escola de estudos bíblicos procurou separar, nas Escrituras, o que, ali, seria a verdade religiosa da simples imaginação de povos primitivos. Foi o que se chamou de "desmitologização" da Bíblia, e que culminou, mais recentemente, na exegese alemã de Rudolf Bultman.

Mas, no século XX, surgiram outros caminhos, a partir do trabalho de estudiosos como Mircea Eliade, que devolveu ao mito o seu sentido original. Explica Eliade (em *O sagrado e o profano*): "O mito conta uma história sagrada – isto é, um acontecimento primordial que teve lugar no começo do Tempo. Mas contar uma história sagrada

> As narrativas do Gênesis compõem o que se pode chamar de uma história sagrada. Estamos pisando, ao menos em parte, no território do mito.

Gêneros literários: o Gênesis

> Contar uma história sagrada equivale a revelar um mistério.

equivale a revelar um mistério. Narrar um mito é proclamar o que se passou 'nas origens'. E, uma vez revelado, o mito estabelece uma verdade absoluta. 'É assim porque foi dito que é assim', dizem os esquimós Netsalik para defender os fundamentos da sua história sagrada e das suas tradições religiosas."

De novo Eliade: "O mito proclama a aparição de uma nova situação cósmica, ou de um acontecimento primordial. É, assim, a narrativa de uma criação: ele conta como alguma coisa começou a *ser*. Eis porque o mito é solidário da ontologia (a ciência do ser): ele só fala de *realidades*, daquilo que aconteceu *realmente* (mas num plano superior de realidade que acaba introduzindo um estilo diferente de narração)."

Ainda Eliade: "O mito revela a sacralidade absoluta, porque ele descreve a atividade criadora dos deuses. Em outras palavras, o mito enumera as diversas e às vezes dramáticas irrupções do sagrado no mundo. Por essa razão, em muitos cultos primitivos os mitos não podem ser recitados em qualquer época ou em qualquer situação, mas somente nas estações ritualmente propícias ou nos intervalos de cerimônias religiosas."

É a irrupção do sagrado no mundo, descrita pelo mito, que funda realmente o mundo. E é por isso que o mito, descortinando esse impulso de energia criadora, torna-se o modelo exemplar de todas as atividades humanas.

É esse mistério original que constitui a "história sagrada" e que foge aos condicionamentos do pensamento racional, ou científico (na verdade, ele não cabe nessas formas tradicionais de narrativa). Parece um terreno totalmente estranho à mentalidade moderna – que, de fato, fez todo o esforço para pensar "racionalmente", "objetivamente".

Mas esse esforço nunca foi totalmente coroado de êxito. A modalidade do mito ficou escondida nos desvãos da nossa consciência; e não foi por acaso que Freud (para não falar em Jung) jogou sondas nessa direção – mesmo acreditando, como homem nascido no miolo do século XIX, que estava apenas contribuindo para o avanço da ciência.

É só recuar um pouco na nossa história pessoal: se você teve um avô, ou um tio, contador de histórias infantis, jamais as terá esquecido. E por quê? Não será porque elas falavam ao coração, à imaginação, passando por cima (ou por baixo) das barreiras da lógica? E, nessa liberdade, quanta coisa elas diziam! Talvez não precisemos chegar aos irmãos Grimm, que achavam

> O mito, descortinando esse impulso de energia criadora, torna-se o modelo exemplar de todas as atividades humanas.

serem os contos de fadas resíduos de velhos mitos, mas o método é parecido.

A criatura lógica que está em nós quereria mais. Mas não é esse o processo da Revelação primordial. Ela não caminha por demonstrações; mostra por partes, e às vezes mais esconde do que mostra. Por exemplo, nas velhas escrituras (e não só cristãs), a impossibilidade de olhar para o rosto de Deus. Moisés vê o Altíssimo "pelas costas". Quem olhar de frente, morre (na Grécia antiga, esse é o padrão de várias histórias sobre Júpiter, como a lenda de Sêmele). Seria mais verdade/realidade do que o ser humano pode suportar. Pensem no Cristo, na facilidade com que ele desliza para a parábola – a dose de verdade/realidade que uma pessoa comum pode assimilar.

> Se você teve um avô, contador de histórias infantis, jamais as terá esquecido. E por quê? Não será porque elas falavam ao coração?

Quando você abandona os mitos "originais", acaba desembocando nos mitos de substituição, de que a história moderna está repleta. Querendo ser a apoteose da razão, a Revolução Francesa apelou para mitos – de curtíssima duração. Mitos do século XIX foram a Ciência, o Progresso, a Evolução. Não é que não exista alguma coisa por trás dessas palavras; mas elas foram infladas na tentativa de criar uma visão de mundo que estava faltando.

O caso mais recente, e mais impressionante, é o do marxismo: sempre afirmando estar fazendo ciência (o "socialismo científico"), Marx lançou as bases para o que seria o mais famoso "mito de substituição" dos tempos modernos. A visão marxista postulava um agente messiânico – a classe operária; um "final dos tempos" (a sociedade sem classes) e um novo paraíso terrestre, em que desapareceriam os conflitos e até mesmo a necessidade de Estado.

Que essa visão messiânica tenha, durante tanto tempo, fascinado amplas parcelas da mentalidade moderna é uma demonstração expressiva de que a possibilidade e a própria necessidade do mito continuam embutidas em nosso mundo interior.

3. *Teofania*

Já se inventaram muitas explicações para a origem das religiões. Uma das mais comuns é a de que o homem primitivo criava deuses para compensar o seu temor (ou terror) diante dos fenômenos naturais. Explicação bem pobre: o "homem primitivo" tinha, da natureza, um conhecimento e um entendimento muito maiores que o nosso. E se podia levar um susto com um raio (quem não leva?), no mais das vezes estava pronto para admirar um Universo físico ainda intato – como se pode ver estudando a saga dos índios norte-americanos, penetrada de poesia e religiosidade, ou assistindo a um filme como *Dersu Uzala*, de Akira Kurosawa. A origem das religiões é bem outra: vem do desejo do "outro lado" de

> A origem das religiões vem do desejo do "outro lado" de comunicar-se conosco. É a manifestação divina.

comunicar-se conosco, através de episódios presentes em todos os tempos e culturas. É o que os entendidos chamam de "teofania" – a manifestação divina.

Um bom exemplo disso, na Bíblia, vem logo no começo do Êxodo, onde se conta a história de Moisés. Hebreu educado na corte do faraó, depois de ter sido milagrosamente "salvo das águas", ele surpreende um egípcio maltratando cruelmente um escravo hebreu. Furioso, Moisés mata o egípcio. Em consequência disso, deve fugir para o deserto, onde acaba se casando com a filha de um misterioso sacerdote (Jetro, patriarca dos drusos).

Um dia, ele está apascentando o rebanho de Jetro e, tomando distância, chega perto do monte que ele não sabia ser um lugar sagrado.

"O anjo do Senhor apareceu-lhe numa chama que saía do meio de uma sarça. Moisés olhava: a sarça ardia, mas não se consumia. 'Vou me aproximar', disse ele consigo, 'para contemplar esse espetáculo e saber por que a sarça não se consome.'"

É então que o Senhor lhe dirige a palavra de dentro da sarça. "Moisés, Moisés..." "Eis-me aqui", ele responde. E Deus: "Não te aproximes. Tira as sandálias dos teus pés, porque o lugar em que te encontras é uma terra santa." E continua: "Eu sou o Deus de teu pai, o Deus de Abraão, o

Deus de Isaac, o Deus de Jacó. ... Vi a aflição do meu povo, que está no Egito, ... E desci para libertá-lo e fazê-lo subir do Egito para uma terra fértil que mana leite e mel, lá onde habitam os cananeus, os amorreus, os ferezeus, os jebuseus. ... Vai, eu te envio ao faraó, para tirar do Egito os israelitas."

Pânico de Moisés: "Quem sou eu para ir ter com o faraó e tirar do Egito os israelitas?" Deus responde: "Eu estarei contigo, e eis aqui um sinal de que sou eu que te envio: quando tiveres tirado o povo do Egito, servireis a Deus sobre esta montanha" (o futuro Sinai).

Moisés diz a Deus: "Quando eu for para junto dos israelitas e lhes disser que o Deus de seus pais me enviou a eles, que lhes responderei se me perguntarem qual é o seu nome?" Deus responde a Moisés: "Eu sou aquele que sou. Eis como responderás aos israelitas: (Aquele que se chama) Eu Sou envia-me para junto de vós." E acrescenta: "É Javé, o Deus de vossos pais, o Deus de Abraão, de Isaac e de Jacó, quem me envia para junto de vós. Este é o meu nome para sempre, e é assim que me chamarão de geração em geração."

Conversa fundadora de toda a história de Israel — essa história única nos anais da civilização ocidental. A partir da primeira resposta de Deus, houve quem interpretasse essa história num sentido "aristotélico", traduzindo a fala de Deus como "Eu sou aquele que É". Seria uma afirmação "ontológica", na linha da filosofia do Ser.

Mas é mais comum interpretar que Deus quis apenas fugir da atribuição de um nome que, em comunidades antigas, servia para tornar esse deus maleável a pedidos e sacrifícios. Saber o nome de um deus, para esses povos, era começar a manipulá-lo.

No entanto, o Deus da Bíblia não se presta a manipulações, como Israel aprenderia um pouco depois, à custa de muito sofrimento. Em compensação, ele é o Deus do diálogo, que conversa com os patriarcas – com Moisés, com Abraão, mais tarde com os profetas. E também nisso Israel é único; e este talvez seja o verdadeiro segredo da Bíblia, a fonte da sua força e do seu fascínio: a Bíblia é um longuíssimo diálogo, um livro vivo, e não um compêndio de filosofia.

> A Bíblia é um longuíssimo diálogo, um livro vivo, e não um compêndio de filosofia.

4. *Eva*

Os primeiros capítulos do Gênesis, que tratam da criação do mundo e da aparição dos seres humanos, estão mergulhados na atmosfera do mito. Assim aconteceu, também, com as outras civilizações (inclusive na velha Grécia) quando quiseram decifrar o mistério das origens. O mito é o tom apropriado para esses relatos. E essas histórias dormem lá no fundo do nosso inconsciente (o que Jung chamou de "inconsciente coletivo").

O homem moderno, racionalista e cientificista, pode fingir que acha graça nesses relatos coloridos; mas são coisas que mexem com a gente – como se pudéssemos programar um retorno ao ventre de nossa mãe.

A Bíblia começa com histórias majestosas e belas – a progressiva aparição dos seres, a descrição do paraíso (outra saudade que dorme no fundo de nós mesmos: a intuição de um estado de inocência, do que seria a felicidade sem limites).

Até que aparece a serpente – e uma sombra se estende sobre o mundo visível. Porque a serpente (seja ela, ou não, simples representação do demônio) encarna o princípio da negação, a quebra da harmonia original.

Curioso que ela vá procurar a mulher e não o homem. A Eva ela pergunta: "É verdade que Deus vos proibiu comer do fruto de toda árvore do jardim?" A mulher responde: "Podemos comer do fruto das árvores do jardim; mas não podemos tocar no fruto da árvore que está no meio do jardim, porque então morreremos." "Não", diz a serpente, "não morrereis. Deus sabe que, no dia em que dele comerdes, vossos olhos se abrirão, e sereis como deuses, conhecedores do bem e do mal."

> A Bíblia começa com histórias majestosas e belas, até que aparece a serpente e uma sombra se estende sobre o mundo visível.

Era verdade; era a perda da inocência. Todo pai, ou mãe, gosta de estabelecer limites para as experiências do filho. Com a idade, sabemos que algumas dessas experiências não compensam; trazem amargura, desgaste, e em alguns casos podem até ser fatais. Mas o filho sente o chamado da transgressão, do "ir além dos limites".

É o que a cena bíblica retrata com perfeita eficiência. "A mulher, vendo que o fruto da árvore era bom para comer, de agradável aspecto e mui apropriado para abrir a inteligência [aqui, Eva já está se louvando do que disse a serpente], tomou dele, comeu e o apresentou a seu marido, que comeu igualmente." Logo adiante, o Senhor perguntará à mulher: "Por que fizeste isso?" E ela responde: "A serpente me enganou." Seguem-se as palavras severíssimas de Deus, que amaldiçoa a serpente e diz: "Porei ódio entre ti e a mulher, entre a tua descendência e a dela. Ela te ferirá a cabeça, e tu lhe ferirás o calcanhar." Imagem que parece remeter ao Apocalipse, o último livro da Bíblia, e que já faz sonhar com a Virgem Maria. Mas sobram tristezas para a mulher: "Darás à luz com dores, teus desejos te impelirão para o teu marido e estarás sob o seu domínio." E para o homem: "Comerás o teu pão com o suor do teu rosto, até que voltes à terra de onde foste tirado; porque és pó, e em pó te hás de tornar."

Para não deixar dúvidas sobre a gravidade do que tinha acontecido, o Senhor "colocou a leste do Éden querubins armados de uma espada flamejante, para guardar o caminho da árvore da vida".

E assim o primeiro casal vai abalar-se pelas estradas da vida, numa história que, em mais de um sentido, se prolonga até hoje, à medida que tentamos, por todos os meios, recuperar aquele paraíso que ficou perdido na distância.

Dos dois, talvez seja Eva a que provoca em nós uma carga maior de afetividade — tenha ela existido ou seja simples veículo para uma história imortal. Tanto por ser mulher — a mãe de todos os homens! — quanto porque é ela (escolhida pela serpente) que põe em marcha os acontecimentos, que modifica a paz sobrenatural do paraíso.

> Assim, o primeiro casal vai abalar-se pelas estradas da vida, numa história que se prolonga até hoje, à medida que tentamos recuperar o paraíso perdido.

Na verdade, ela se deixa levar. Isso é tão mais fácil do que dizer: não! Não conhecemos, até hoje, esse declive? Deixar correr o fio da vida, com os seus atrativos, o senso da aventura, o gosto do perigo...

Em sentido contrário, não parecem monótonos aqueles que, a todo momento, invocam uma noção de responsabilidade, de ter de fazer isto ou aquilo?

A mulher, na Bíblia, é personagem principal em cenas maravilhosas. Dizer que ela aparece sempre como inferior é fazer uma leitura grosseira do texto bíblico. Mas será despropositada a cena do Gênesis, ao menos como recurso literário? A sedução da mulher não depende, muitas vezes, da atitude que os franceses chamam de *insouciance*, uma despreocupação que beira a frivolidade, uma conduta mais emotiva, mais impulsiva, que a do homem?

Sim, esses papéis podem se inverter. No correr da vida, não é a mulher que, tantas vezes, assume a chefia da casa, o senso da realidade, enquanto o homem borboleteia?

É o que o próprio Evangelho mostra. Mas isso não será próprio da mulher madura? Da mulher jovem será que não faz parte essa carga de *insouciance*, de amor ao risco, à aventura? Não foi assim que Henry James, grande conhecedor da psicologia feminina, pintou a sua maravilhosa Isabel Archer do *Portrait of a Lady*? Não é o que acontece, em *Guerra e paz*, com a extraordinária Natasha?

No tempo da Bíblia, com seu viés patriarcal, a mulher se prestava mais à construção dessa imagem. Mas, homem ou mulher, esta é uma eterna matriz da experiência humana, e por isso a cena é tão pungente, tão profunda.

Assim é que nós somos na vida (lembra-se da sua juventude?). Um lado de você raciocina: por que ficar com tantos pensamentos e com tanta prudência? Vamos ao risco, à aventura! Não é isso espetacularmente "de hoje"?

Mas um outro lado diz: não, isso que está aí não existe só para o prazer inconsequente. É o lado que pensa, que reflete, que constrói. É o lado que é capaz de altruísmo, de dedicação, de abnegação.

E se a pura aventura, numa linha nietzschiana, é uma eterna tentação, talvez se possa mostrar, com algum esforço, que a "outra vida" é mais consistente e mais verdadeira. Porque é ela que permite o desenvolvimento da consciência mais ampla. E no fundo dessa consciência dorme o mistério divino.

> E se a pura aventura é uma eterna tentação, talvez se possa mostrar que a "outra vida" é mais consistente e mais verdadeira.

5. *O pecado original*

Deixando o território da linguagem mítica, a teologia moderna se debruça sobre o que é, ou pode ter sido, o pecado original. Uma das melhores interpretações é a do padre François Varillon, ilustre jesuíta francês falecido há duas décadas, que passo a historiar poupando o leitor de muitas aspas.

Por que falar do pecado original? Jesus nunca disse uma palavra sobre isso, e o Evangelho também não trata disso, pelo menos diretamente.

As referências estão em são Paulo – por exemplo, na Epístola aos Romanos: "... por um só homem entrou o pecado no mundo, e pelo pecado a morte; e assim a morte passou a todo o gênero humano, porque todos pecamos..."

E mais adiante: "... como pelo pecado de um só a condenação se estendeu a todos os homens, assim por um único ato de justiça recebem todos os homens a justificação que dá a vida."

São Paulo foi o primeiro teólogo – o maior de todos. Mas ele também pode estar recorrendo, aqui, à linguagem mítica, que parece a mais apropriada para a narrativa das origens. Com isso concorda um importante teólogo moderno, Karl Rahner, quando diz: "A história bíblica sobre o pecado da primeira pessoa, ou das primeiras pessoas, de modo algum deve ser entendida como um relato histórico."

> Por que falar do pecado original? Jesus nunca disse uma palavra sobre isso, e o Evangelho também não trata disso, pelo menos diretamente.

Adverte o padre Varillon: houve pensadores do século XIX que quiseram explicar o cristianismo a partir do pecado original, como se a Queda de que fala o Gênesis fosse a pedra de toque sobre a qual se ergueu o cristianismo.

Ele comenta: então, pode-se até formar uma ideia meio caricata da estrutura do Universo. Deus, o supremo eletricista, tinha fabricado o mundo com uma fiação que funcionava perfeitamente. O ser humano tratou de embaralhar essa fiação. Daí a decisão do supremo eletricista de enviar o seu filho para consertar os erros, de modo que tudo passou a andar melhor que no plano primitivo.

Essa é a visão com a qual o padre Varillon definitivamente não concorda. É preciso – diz ele – abandonar a ideia, ou melhor, a mitologia de um tempo em que o primeiro homem teria vivido, antes de ter pecado, num estado de beatitude e de perfeição. Não há nenhum dogma que imponha essa interpretação.

Vale a pena lembrar que o gênero literário dos começos do Gênesis é o gênero sapiencial, em que se exprimem a reflexão e a experiência de um sábio. Em Gênesis 2/3, estamos diante não de uma narrativa histórica, como a epopeia de Davi ou de Salomão, mas de um escrito de sabedoria, cuja ponta é a resolução de um enigma, o maior enigma da condição humana.

> É preciso abandonar a ideia de que o primeiro homem teria vivido num estado de beatitude e de perfeição.

O que o autor desses capítulos quis nos mostrar é, antes de tudo, a situação do homem, o do século XX ou de qualquer outro tempo, em relação a Deus e em relação ao pecado. Etimologicamente, o termo hebreu "adama" significa a terra, o solo, a argila vermelha. "Adam" é o terroso, o argiloso, aquele que vem da terra.

Prossegue Varillon:

"Com o risco de espantar vocês, eu afirmo, não como opinião pessoal, mas em nome da Igreja: se a Igreja diz que a causa do pecado é Adão, ela nunca definiu quem é Adão. A maior parte dos teólogos contemporâneos admite que Adão é a humanidade inteira. E, em

> A maior parte dos teólogos contemporâneos admite que Adão é a humanidade inteira.

consequência, a história de Adão, que nos foi contada, é também a nossa história: o pecado de Adão é o nosso pecado."

"É verdade", ele prossegue, "que essa história nos diz que Adão foi criado num estado de santidade e de justiça. Seria preciso, a partir daí, concebê-lo como um homem de uma inteligência e de uma liberdade perfeitas, uma espécie de super-homem em relação aos homens que nós conhecemos? Isso não corresponde à descrição que a ciência nos dá dos primeiros homens emergindo lentamente da animalidade."

O que a Bíblia nos apresenta é o fim para o qual Deus encaminhou o homem: a sua divinização. A perfeição do primeiro homem está em que ele não é como os outros seres da natureza, animais ou vegetais, mas é chamado por Deus, desde o início, a uma finalidade propriamente divina: um apelo para entrar no amor de Deus, para partilhar eternamente a própria vida de Deus.

Dito de outra maneira: a perfeição do homem é a perfeição de uma vocação e não de uma situação. É o que a Bí-

> A perfeição do homem é a perfeição de uma vocação e não de uma situação. É o que a Bíblia nos ensina.

blia nos ensina quando diz que o homem foi criado à imagem e semelhança de Deus.

"Deus não fabricou uma liberdade, pois cabe ao homem, criado com a possibilidade da liberdade, tornar-se livre ele mesmo. Deus cria o homem como alguém que é capaz de criar a si mesmo. É por isso que eu [Varillon] não gosto da expressão 'Deus criou o homem livre'. Pois isso implica dois erros: colocar a criação no passado e estimular o sentimento de que a liberdade é um presente, uma coisa pronta, quando a verdade é que a liberdade é o contrário de uma coisa pronta. Ela só é liberdade quando nós mesmos a tornamos real.

"Isso é o que Deus quer: ele cria o homem como um ser divinizável. Essa é a definição mais profunda que se possa dar do ser humano, para além de tudo o que nos dizem as ciências humanas. Mas o homem não pode divinizar-se sozinho: é preciso que ele acolha o dom de Deus, pois é Deus quem diviniza. Não é o homem, por si mesmo, que vai suplantar o abismo infinito que existe entre ele e Deus, porque sua origem é terrestre.

"Essa origem terrestre é, para o homem, uma fonte de dessemelhança em relação a Deus. Pois a voz da natureza faz ressoar constantemente no homem um apelo para viver não para Deus, ou para os outros homens, mas para si mesmo, egoisticamente, como os outros seres da natureza que vivem segundo o seu instinto. Eis o que é o pecado original: não se trata de uma origem cronológica, mas da origem da natureza humana, da própria raiz da existência."

> Supondo que o primeiro homem não tivesse pecado, o que é que nos garante que o segundo não pecaria?

Enfatiza o padre Varillon:

"Fazemos começar a nossa história antes do pecado, e temos a impressão de que o estado de Adão, antes do pecado, não tinha nada de comum com o estado que os seres humanos conheceram depois. E nos pomos a perguntar, um pouco ingenuamente: se Adão não tivesse feito essa besteira, se ele fosse um pouco mais razoável, um pouco mais firme com sua mulher, muitas catástrofes teriam sido evitadas, teríamos ficado na felicidade perfeita, firmemente estabelecidos na virtude. Francamente, o que é que nós sabemos disso? Isso é pura imaginação, terreno fértil para o infantilismo.

"Supondo que o primeiro homem não tivesse pecado, o que é que nos garante que o segundo não o faria? E por que não o terceiro, ou o quarto? E depois, eis o essencial: assim se chegaria à ideia de uma humanidade que teria atingido a glória perfeita da sua divinização dispensando totalmente o Cristo. Chega-se a imaginar que, se Adão não tivesse pecado, ele teria tido o poder de conduzir sozinho toda a sua descendência humana para a divinização. Infelizmente, ele fez uma besteira, e foi preciso que Jesus Cristo viesse consertar essa falta...

"Pensando melhor", conclui Varillon, "basta ler o Novo Testamento para descobrir que há uma única fonte de divinização, que é o Cristo. Desde o início, Cristo foi querido por Deus, e, como diz são Paulo, nós fomos criados nele. A nossa humanidade, desde as origens, está destinada a entrar na filiação divina através do Cristo.

"Mas eu peço encarecidamente aos cristãos que não sejam triunfalistas, que não se apresentem diante dos incrédulos como alguém que pode fornecer uma explicação. Por que é que o homem é pecador? Não existe resposta. O pecado está na origem da nossa existência, e nós estamos, desde a origem, nos braços de Deus como nos braços de um pai que perdoa. Esse é o significado, mas não é uma explicação. A resposta de Deus não é uma resposta teórica: Ele entra no mundo do pecado e ali encontra a morte. Esta é a Sua humildade."

6. *Abraão*

Se, mesmo no começo da Bíblia, já há crises e tensões, resultado dessa coisa incrivelmente complexa que é o ser humano, a história de Abraão – que está na origem de três grandes religiões – é a oportunidade para encontrarmos uma personalidade majestosa, um verdadeiro patriarca. E entre Deus e Abraão se estabelece uma espécie de intimidade que é o que distingue a Bíblia de outras tradições religiosas.

O Senhor toma a iniciativa e fala a Abrão (a primeira forma do seu nome): "Deixa tua terra, tua família e a casa de teu pai, e vai para a terra que eu te mostrar. Farei de ti uma gran-

> Entre Deus e Abraão se estabelece uma espécie de intimidade que é o que distingue a Bíblia de outras tradições religiosas.

de nação; eu te abençoarei e exaltarei o teu nome; e tu serás uma fonte de bênçãos."

Abrão morava em Ur, na Caldeia, nas planícies férteis da Mesopotâmia. A partir desse chamado, sem nenhuma hesitação, ele se põe em movimento, executando um semicírculo, de leste para oeste, que o conduz na direção do que é hoje a Palestina.

Quando ele está nas proximidades do Neguev, sobrevém a fome na região, e, "sendo grande a miséria, Abrão desceu ao Egito para aí viver". Segue-se uma cena famosa. "Quando estava para entrar no Egito, ele disse a Sarai, sua mulher: 'Escuta, sei que és uma mulher formosa. Quando os egípcios te virem, dirão: 'É sua mulher', e me matarão, conservando-te a ti em vida. Dize, pois, que és minha irmã, para que eu seja poupado por causa de ti, e me conservem a vida em atenção a ti.'" Assim é feito; assim acontece. "Os grandes da corte, vendo-a, elogiaram-na diante do faraó, e a mulher foi introduzida no seu palácio. Por causa dela, Abrão foi bem tratado, e recebeu ovelhas, bois, jumentos, servos e servas. O Senhor, porém, feriu com grandes pragas o faraó e a sua casa, por causa de Sarai, mulher de Abrão." (Mais tarde, o próprio Senhor mudaria esses nomes para Sara e Abraão.)

O faraó mandou chamá-lo e lhe disse: "Que me levaste a fazer? Por que não me disseste que era tua mulher? Por que disseste que era tua irmã? Mas agora toma-a, e vai-te." E o faraó deu ordem a seus homens para reconduzir Abrão e sua mulher com tudo o que lhe pertencia.

História que nos conduz a um tempo remotíssimo. Não são os costumes nem a moralidade de hoje. A vida era uma batalha constante. Abrão era o chefe do clã. Com a sua morte, tudo acabaria. Parece mais simples ceder a mulher ao faraó. São saltos mentais a que temos de nos acostumar, antes que as histórias bíblicas cheguem mais perto de nós.

Abrão volta do Egito para o Neguev (que hoje é um deserto) e instala-se como um verdadeiro patriarca. Tem um sobrinho, Lot, com quem às vezes se desentende. Para evitar novos atritos, resolvem se separar. "Lot escolheu toda a planície do Jordão e foi para o oriente. … Abrão fixou-se na terra de Canaã, e Lot nas cidades da planície, onde levantou suas tendas até Sodoma. Ora, os habitantes de Sodoma eram perversos e grandes pecadores diante do Senhor."

E o Senhor diz a Abrão: "Levanta os olhos e, do lugar onde estás, olha para o norte e para o sul, para o oriente e para o ocidente. Toda a terra que vês, eu a darei a ti e a teus descendentes para sempre. Tornarei tua posteridade tão numerosa como o pó da terra; se alguém puder contar os grãos do pó da terra, então poderá contar a tua posteridade."

Grandes promessas que se confirmaram, se pensarmos nas gerações e gerações que se consideram "filhos de Abraão", entre judeus, cristãos e muçulmanos — sim, porque o primeiro filho a nascer de Abraão é Ismael, filho da escrava Agar, e pai dos ismaelitas (outro nome para os muçulmanos).

Isso aconteceu porque Sarai, mulher de Abrão, não engravidava, e, segundo os costumes da época, deu a Abrão uma escrava — Agar — para que a linhagem não se interrompesse. Um pouco mais adiante, Sarai morreria de ciúmes de Agar, do que resultaria a expulsão da escrava e uma coleção de histórias coloridas.

> Grandes promessas se confirmaram, se pensarmos nas gerações e gerações que se consideram "filhos de Abraão", entre judeus, cristãos e muçulmanos.

Mas ficava a pergunta: se Abrão ia ter uma enorme descendência, a esposa legítima seria deixada de lado?

E acontece então um daqueles episódios em que a vida de Abrão traduz um maravilhoso à vontade com o Divino:

"O Senhor apareceu a Abraão nos carvalhos de Mambré, quando ele estava sentado na entrada de sua tenda, no maior calor do dia." Abraão levantou os olhos e viu três homens de pé diante dele. Levantou-se, veio-lhes ao encontro e se prostrou por terra (a famosa hospitalidade do Oriente antigo). "Meus senhores", disse ele, "se encontrei graça diante de vossos olhos, não passeis adiante sem vos deter em casa de vosso servo. Vou buscar um pouco de água para vos lavar os pés. Descansai um pouco sob esta árvore. Eu vos trarei um pouco de pão, e assim restaurareis as vossas forças para seguirdes o caminho."

Eles concordaram. Abrão tomou todas as providências, mandou preparar um novilho e serviu aos peregrinos, conservando-se de pé junto deles, debaixo das árvores, enquanto comiam.

Depois disseram: "Onde está Sara, tua mulher?" "Está lá na tenda." E ele disse (de repente, em vez de três, é um só): "Voltarei à tua casa dentro de um ano, nessa época, e Sara, tua mulher, terá um filho." "Ora, Sara ouvia tudo por detrás da tenda. Abraão e Sara eram velhos, e Sara já tinha passado da idade. Ela pôs-se a rir secretamente, pensando: 'Velha como sou, conhecerei ainda o amor? E o meu senhor também já é entrado em anos.'" O Senhor disse a Abraão (e agora a Bíblia diz que é o Senhor): "Por que se riu Sara, dizendo: 'Será verdade que eu teria um filho, velha como sou?' Será isso porventura uma coisa tão difícil para o Senhor? Em um ano, a esta época, voltarei à tua casa, e Sara terá um filho." Ela agora parece assustada e diz: "Eu não ri." Mas o Senhor confirma: "Sim, tu riste."

7. *A prova*

Nasce o filho tão desejado – Isaac. No dia em que foi desmamado, diz a Bíblia, Abraão fez uma grande festa. "Sara viu que o filho nascido a Abraão de Agar escarnecia de seu filho Isaac." Em dois tempos, ela usa o privilégio de esposa oficial para expulsar a escrava e o seu filho. Mas Agar e Ismael, perdidos no deserto, serão socorridos por um anjo. O que não impediu que, daquela cena bíblica, nascesse a milenar hostilidade entre os árabes – de que Ismael é o patriarca – e os judeus.

O menino cresce. A promessa feita a Abraão – de que ele seria pai de uma grande nação – parece garantida com essa filiação que contornara todas as regras da natureza. Mas a Abraão estava reservada a maior de todas as provas, e por causa disso cristãos e judeus dizem que ele é "nosso pai na fé".

O Senhor chama Abraão e lhe diz: "Toma o teu filho, teu único filho, a quem tanto amas, e vai à terra de Moriá, onde o oferecerás em holocausto sobre um dos montes que eu te indicar."

> A Abraão estava reservada a maior de todas as provas, e por causa disso cristãos e judeus dizem que ele é "nosso pai na fé".

"Teu único filho, a quem tanto amas..." Parece um modo de revirar a faca na ferida. Mas Abraão não disse palavra. Selou o seu jumento, tomou consigo dois servos e Isaac, seu filho, e, tendo cortado a lenha para o holocausto, partiu para o lugar que Deus lhe havia indicado. "Ao terceiro dia, levantando os olhos, viu o lugar de longe." O que ele terá pensado, ao longo desses três dias? "Ficai aqui com o jumento, ele diz aos servos, eu e o menino vamos mais adiante para adorar, e depois voltaremos."

"Abraão tomou a lenha do holocausto e a pôs nos ombros de seu filho Isaac, levando ele mesmo o fogo e a faca. Enquanto caminhavam juntos, Isaac disse ao pai: 'Meu pai!' 'Que há, meu filho?' 'Temos aqui o fogo e a lenha, mas onde está a ovelha para o holocausto?' Abraão respondeu: 'Deus providenciará ele mesmo uma ovelha para o holocausto, meu filho.'" E ambos continuaram seu caminho.

Chegando ao local indicado, Abraão edificou um altar. Colocou nele a lenha e amarrou Isaac, seu filho, e o pôs sobre o altar em cima da lenha. Depois, estendendo a mão, tomou a faca para imolar o filho. O anjo do Senhor, porém, gritou-lhe do céu: "'Abraão! Abraão! Não estendas a mão contra o menino, não lhe faças nada. Agora eu sei que temes a Deus, pois não me recusaste teu próprio filho, teu filho único.' Abraão, levantando os olhos, viu atrás dele um cordeiro preso pelos chifres entre os espinhos, e, tomando-o, ofereceu-o em holocausto em lugar de seu filho."

É das cenas mais fortes da Bíblia, das que fazem passar um frio pela espinha; e, não por acaso, sobre ela já se escreveram montanhas de livros. Trata-se de uma situação-limite – mal comparando, alguém diria que é uma "escolha de Sofia". E um momento de escuridão total: não há parâmetros que encaminhem uma solução racional.

Pode-se, claro, simplificar as coisas. Dizer, por exemplo, que naquele tempo pais sacrificavam filhos para obter o favor dos deuses. Era comum na velha Cartago, que os romanos esmagaram. Abraão seria, assim, um primitivo, ou um fanático, que age cegamente na suposição de que está cumprindo a vontade de Deus.

Mas nenhuma dessas categorias se aplica a Abraão. Não é a imagem que transparece das muitas histórias, no Gênesis, em que ele é o personagem central. Então, afastadas as soluções fáceis, desembocamos diretamente no mistério da fé.

A Igreja ensina que a fé é um dom de Deus – é uma das "virtudes teologais", juntamente com a esperança e a caridade. O que quer dizer que Deus tem a iniciativa, ao colocar esta semente no coração do homem. É como na parábola do Semeador: "Saiu o semeador a semear." De nossa parte, tem de haver uma resposta, como está na parábola. Senão a semente seca, ou é comida pelos pássaros.

A fé pode vacilar muitas vezes. Pode até se apagar, como uma vela soprada pelo vento. A tentação do desespero pode ser muito grande, quase irresistível. O próprio Cristo passou por uma angústia profunda, e chegou a dizer: "Meu Deus, meu Deus, por que me abandonaste?" (Jesus está citando o Salmo 21, que fala em morte e ressurreição.)

> A fé pode vacilar muitas vezes. Pode até se apagar, como uma vela soprada pelo vento. O próprio Cristo passou por uma angústia profunda.

Mas essas são situações-limite. De um modo geral, não somos submetidos a esses extremos. Temos as nossas vidas, que procuramos tocar dentro do que é razoável. E, mesmo assim, chega a hora da prova. Deus se compraz, às vezes, em embaralhar as cartas. O que tínhamos como seguro, garantido, mostra-se frágil, precário. E certas provas são tão fortes que a fé pode ser atingida em seus alicerces.

Nesse sentido, Abraão é um símbolo. Como pedir a um pai que sacrifique o próprio filho? É um teste que ultrapassa todas as medidas. Mas, antes que isso acontecesse, ele tivera um contato igualmente excepcional com a realidade divina. Ali, certamente, é que a sua fé deitava raízes. Dali deve ter vindo uma força que, para nós, é incompreensível.

> Como pedir a um pai que sacrifique o próprio filho? É um teste que ultrapassa todas as medidas.

Ficou o exemplo, envolvido no mais denso mistério. Nunca saberemos como cada um de nós reagirá nos limites da condição humana.

8. *Jacó, o esperto*

De Isaac, filho de Abraão, a Bíblia não fala muito. Um espírito maldoso diria que, depois do susto que ele levou, faltou-lhe ânimo para correr novos riscos. (Mas Jesus e os profetas se referiam ao "Deus de Abraão, de Isaac e de Jacó".) Seu filho Jacó, ao contrário, é das figuras mais pitorescas da Bíblia – o pai dos doze filhos que formarão as doze tribos de Israel. Ele aparece numa daquelas equações de irmãos com que a Bíblia às vezes trabalha – Esaú e Jacó, Caim e Abel, Moisés e Aarão.

Esaú é o primogênito, tem todas as regalias, mas é um estouvado. Jacó, símbolo da esperteza (como Ulisses, na velha Grécia), aproveita-se disso para roubar-lhe a primogenitura.

Primeiro, na famosa cena do prato de lentilhas: Esaú chega esfomeado do campo. Jacó preparara lentilhas suculentas.

"Dá-me essas lentilhas", diz Esaú. E o outro: "Vende-me primeiro o teu direito à primogenitura." Esaú jurou e vendeu. Talvez achasse que, mais adiante, poderia voltar atrás.

O segundo episódio é mais sério. Isaac está velho, quase cego, vai morrer. É a hora de dar a bênção final, definitiva, que consagra o primogênito — como um rei que escolhe o seu sucessor. Rebeca, mulher de Isaac, ajuda Jacó a enganar o pai. Jacó veste-se com uma roupa peluda (porque Esaú era cabeludo) e vem para receber a bênção. Quando Esaú chega do campo, está feito. A bênção é irrevogável.

Mas o que é isso?, dirá o leitor de hoje. Que moral é essa? O filho engana o pai, ajudado pela mãe? É a moral — digamos, os costumes — de um período que a Bíblia descreve, infinitamente remoto. A Revelação não atropela as épocas, nem os costumes. Procede por etapas. Foi o que já vimos na história de Abraão e Sara. Mas Rebeca enganando o marido! Diz uma senhora muito sábia, minha conhecida: "Ela sabia que Esaú era um estouvado, que a liderança tinha de passar por Jacó." Pragmatismo feminino.

> A Revelação não atropela as épocas, nem os costumes. Procede por etapas.

O fato é que, depois disso, Jacó ainda dá muitas outras provas de esperteza (e, por sua vez, é enganado por Labão, na história maravilhosa do seu namoro com Raquel – "Sete anos de pastor serviu Jacó a Labão, pai de Raquel, serrana bela...").

Mas, um dia, ele se transforma. Depois de um período de exílio (quando teve de fugir da cólera de Esaú), ele está de volta, com sua mulher, seus filhos, seus rebanhos. O momento é grave, prenhe de ameaças, porque ele vai reencontrar Esaú.

"Naquela noite, ele se levantou com suas duas mulheres, suas duas servas e seus onze filhos e passou o vau do Jaboc. Tomou-os, e os fez passar a torrente com tudo o que lhe pertencia.

"Jacó ficou só; e alguém lutava com ele até o romper da aurora. Vendo que não podia vencê-lo, tocou-lhe aquele homem na articulação da coxa e esta deslocou-se, enquanto Jacó lutava com ele. E disse-lhe: 'Deixa-me partir, porque a aurora se levanta.' 'Não te deixarei partir', respondeu Jacó, 'antes que me tenhas abençoado.' Ele perguntou-lhe: 'Qual é o teu nome?' 'Jacó.' 'Teu nome não será mais Jacó', tornou ele, 'mas Israel, porque lutaste com Deus e com os homens, e venceste.' Jacó perguntou-lhe: 'Peço-te que me digas qual é o teu nome.' 'Por que me perguntas o meu nome?', respondeu ele. E abençoou-o no mesmo lugar. Jacó chamou àquele lugar Fanuel, 'porque', disse ele, 'eu vi a Deus face a face, e conservei a vida.'"

Misterioso trecho, que desde então passou a ser a imagem, o símbolo do combate espiritual. Jacó sai vencedor, mas ferido na perna; pagou um preço pela vitória.

É o combate que espera todos os que, neste mundo, querem avançar nos caminhos do espírito – o caminho da vida.

Podia ser mais fácil, dirá você; mas é assim, e não só na nossa tradição. Diz um mestre hindu: "Estreito como o fio da navalha é o caminho da salvação." O Buda teve de renunciar ao seu reino e a todos os seus para ir em busca da sabedoria.

> O combate espera todos aqueles que, neste mundo, querem avançar nos caminhos do espírito – o caminho da vida.

A tradição cristã fala disso em tons igualmente vigorosos – como são Pedro na sua primeira Carta: "É isto o que constitui a vossa alegria, apesar das aflições passageiras a vos serem causadas ainda por diversas provações, para que a prova a que é submetida a vossa fé (mais preciosa que o ouro perecível, o qual, entretanto, não deixamos de provar ao fogo) redunde para vosso louvor, para vossa honra e para vossa glória, quando Jesus Cristo se manifestar."

É a ideia da prova – da dificuldade que purifica o espírito, obrigando-o a algumas definições vitais.

Jacó passou pela difícil prova. Encontra o irmão que teria todos os motivos para desejar a sua perda. Mas os dois chegam a um acordo precário. Naquele tempo, de costumes nômades, sempre era possível uma redistribuição de terras.

E o Senhor apareceu de novo a Jacó. "Teu nome, disse-lhe, é Jacó. Tu não te chamarás mais assim, mas Israel." E continuou: "Sê fecundo e multiplica-te. De ti nascerá um povo e uma assembleia de povos; e de teus rins sairão reis."

No mesmo lugar onde Deus lhe falou, Jacó erigiu um altar sobre o qual fez uma oferenda. E deu o nome de Betel ao lugar onde Deus lhe tinha falado. Assim começava a história de Israel.

9. Israel no Egito

Entre a morte de Jacó e a aparição de Moisés, o clã de Jacó passou um longuíssimo período no Egito: mais de quinhentos anos. A origem dessa longa estadia é a história de José – uma fascinante narrativa oriental da qual Thomas Mann extraiu um ciclo de quatro robustos romances.

Dos doze filhos de Jacó, José era o penúltimo – e certamente o preferido. E lá vamos nós para um rosário de sentimentos bem humanos.

Seus irmãos tornam-se cada vez mais ciumentos dele. E um dia que estão no campo, pastoreando, vendem José como escravo a um mercador que passava na direção do Egito. A Jacó levam a túnica ensanguentada que pertencera a José, explicando que um leão o atacara. Desespero de Jacó.

Mas o Senhor estava com José. Ele encontra graça na corte do faraó. Trabalha com um cortesão ilustre, Putifar, cuja mulher se apaixona por ele e tenta agarrá-lo. José escapa, deixando a túnica nas mãos da mulher. Que imediatamente inverte os fatos: José é que quisera atacá-la.

O jovem e belo hebreu vai para a prisão, onde esperará a forca. Mas, conversando com seus companheiros de cela, consegue desvendar os sonhos do copeiro do faraó, que também estava preso.

O faraó, por sua vez, tivera um sonho assustador: o das vacas gordas e das vacas magras surgindo do rio Nilo. Depois

> Dos doze filhos de Jacó, José era o penúltimo, e certamente o preferido. E lá vamos nós para um rosário de sentimentos bem humanos.

que os adivinhos fracassam em suas interpretações, alguém diz que, na prisão, um jovem hebreu acabara de mostrar-se hábil nesse terreno.

José é convocado. Como um verdadeiro profeta, anuncia que as sete vacas magras significam sete anos de seca para o Egito e de desgraça, se o ciclo anterior, o das vacas gordas, não for bem aproveitado. Definitivamente conquistado, o faraó faz de José o seu primeiro-ministro. E todos sob o comando de José passam a prevenir o futuro, que

Israel no Egito

acontece exatamente como previsto. Vem a fartura, depois a seca. Mas os armazéns egípcios estão repletos de bens.

Entre os retirantes que chegam de todas as partes está a família de José, que não reconhece o irmão supostamente morto. José fica profundamente emocionado, mas, antes de se revelar, resolve pregar uma peça nos irmãos. Dá-lhes os sacos de trigo que tinham pedido, mas manda que se escondam neles algumas taças de prata. Perseguidos quando já saíam do Egito, os irmãos são acusados de roubo, e quando se abrem os sacos, lá estão as taças comprometedoras.

Cenas dramáticas, na presença de José, que continua a aproveitar a situação. Diz que só permitirá a volta da família a seu lugar de origem se o irmão mais novo for deixado como refém. Era o caçula Benjamim, que tinha ficado em casa com o pai, já cego. Novas cenas dramáticas, porque Jacó não quer deixar o menino partir. Mas, afinal, seguem todos; e, a partir daí, não demora muito para que José, emocionadíssimo, se dê a conhecer.

Com apoio tão poderoso, a família de Jacó instala-se no Egito; e conhecerá tanta prosperidade que, um dia, séculos depois, incomodará os faraós do tempo de Moisés.

10. *Moisés e o faraó*

Quase desde o início do Êxodo, assistimos à confrontação dramática entre Moisés e o faraó. Moisés, de algum modo, tinha sido preparado para isso. Foi criado na corte; sabia como ela funcionava. Num desenho animado até bonito, feito em Hollywood, brinca-se com a ideia de que ele teria sido companheiro de adolescência do futuro faraó.

Por que não? Isso lhe dava uma certa liberdade para começar o diálogo. Mas logo as coisas se encrespam.

Olhamos para o faraó, normalmente, de um modo estereotipado: o tirano que, por puro capricho, impede a partida de um povo. Uma visão mais nuançada pode nos levar um pouco mais fundo nessa história.

O Egito, no momento do Êxodo, está longe de ser uma sociedade primitiva. Pelo contrário, é uma civilização sofisticada, cujos ecos até hoje provocam admiração (e esse meio sofisticado também colaborou na formação do jovem Moisés). O faraó do momento do Êxodo, seja ele quem for, comanda um império ainda coberto de glórias.

No seu confronto com Moisés, entra o lado humano, mas também a visão do estadista – ou do autocrata de alto nível. Nesse momento imperial vivido pelo Egito, a mão de obra escrava é importante – como seria no Brasil Império ou nos Estados Unidos das fazendas de algodão. Como, então, abrir mão disso só porque aparece alguém dizendo: "O Senhor mandou"?

E que Senhor é esse? Esse é um dos pontos cruciais da história. O Egito antigo foi uma civilização apoiada na religião. Nesse contexto de forte religiosidade, o faraó era figura central, quase uma personificação da divindade (o que até não muito tempo ainda acontecia no Japão). Como ele aceitaria, então, a injunção de um "outro" Deus sem abrir mão de toda a sua visão de mundo?

A partir de certo ponto – na verdade, desde o início –, seu choque com Moisés é o choque entre duas visões do divino (e não é muito correto dizer que seria o choque entre politeísmo e monoteísmo: o fenômeno religioso, no Egito, é mais complexo do que isso).

O faraó começa rebatendo abruptamente as exigências desse "outro" Deus. Têm início, então, as pragas, os prodígios que, a princípio, os magos do Egito conseguem reproduzir — mas a partir de um determinado ponto não conseguem mais.

O próprio círculo do faraó passa, então, a adverti-lo de que em tudo aquilo pode estar o dedo de Deus, e que, a seguir por aquele rumo, o país poderia ser destruído. Mas o faraó, que às vezes parece ceder, acaba endurecendo no próprio calor da refrega — como cada um de nós tende a endurecer diante de um adversário teimoso. E isso termina por reforçar a ideia do tirano impiedoso.

No belo livrinho que escreveu sobre a *Vida de Moisés*, o cardeal Martini pede que, nesse episódio, tentemos discernir o que ele chama de "o faraó em nós".

Também nós, em nossa vida, ouvimos de vez em quando a pancada na porta, o chamado para uma outra realidade. Mas isso ameaça, antes de tudo, o pequeno deus que reside em nós — e que somos nós mesmos, a ficção da nossa própria divindade. Quem é esse "outro Deus" que vem de fora ameaçar a minha autonomia, o meu projeto de autossuficiência individual?

Nasce daí a primeira resistência. Depois, é como na história das pragas: a um primeiro impacto, estamos dispostos a re-

> Como o faraó, também nós, em nossa vida, ouvimos de vez em quando a pancada na porta, o chamado para uma outra realidade.

Moisés e o faraó

conhecer, num momento de aflição, que a vida não era aquilo que pensávamos; que há um poder mais forte, realidades mais amplas que o nosso universo pessoal.

Mas a adversidade passa, o mundo retoma seus direitos, e assim vamos adiando sempre o encontro com a "outra" realidade.

Moisés, nesse contexto, é o homem que aceita o desafio, mesmo à custa de dúvidas e temores. Ele assume a aventura que é sair do terreno conhecido e avançar no deserto. Sabe que suas forças são insuficientes para isso, mas está aberto à grande novidade, a alguma coisa que entrou na sua vida e a transformou. E, nesse movimento, prepara o seu povo para a extraordinária Passagem, a Páscoa, que é o início de uma nova vida.

11. *O milagre*

A décima praga a desabar sobre o Egito é a mais terrível. Ela é anunciada por Moisés: "Eis o que diz o Senhor: pela meia-noite, passarei através do Egito, e morrerá todo primogênito na terra do Egito, desde o primogênito do faraó até o primogênito do escravo que faz girar a mó, assim como todo primogênito dos animais. Haverá em toda a terra do Egito um clamor como nunca houve nem haverá jamais. Quanto aos israelitas, porém, desde os homens até os animais, ninguém, nem mesmo um cão, moverá a língua. Sabereis assim como o Senhor fez distinção entre os egípcios e os israelitas."

Assim age, no Antigo Testamento, o Senhor dos Exércitos. Entender o que seria essa "parcialidade" de Javé em favor dos israelitas é um dos desafios que se põem ao leitor moderno da Bíblia.

> Entender o que seria a "parcialidade" de Javé em favor dos israelitas é um dos desafios enfrentados pelo leitor moderno da Bíblia.

Aos israelitas, na noite terrível, nada acontecerá. Porque ela coincide com a instituição da Páscoa judaica, precursora da Páscoa dos cristãos.

Como em outras passagens da Bíblia, as instruções vindas do Alto são as mais minuciosas. Cada família tomará um cordeiro sem mancha, macho, de um ano. Ele será imolado, e com o seu sangue se marcará a entrada da casa. "Eis a maneira como o comereis", diz o Senhor: "Tereis cingidos os vossos rins [o sinal do alerta espiritual], vossas sandálias nos pés e vosso cajado na mão. Comê-lo-eis apressadamente: é a Páscoa [isto é, a passagem] do Senhor."

E assim aconteceu: o anjo do Senhor passou sobre o Egito, respeitando as casas marcadas pelo sangue do cordeiro pascal. E dessa vez o faraó cedeu: "Ide! Saí do meio do meu povo. Ide prestar um culto ao Senhor, como dissestes. Tomai vossas ovelhas e vossos bois, como pedistes. Ide e abençoai-me." E assim partiram os israelitas de Ramsés para Socot, "em número de 600 mil homens, aproximadamente, sem contar os meninos", diz o texto do Êxodo.

Os israelitas saíram do Egito em boa ordem. Moisés levou consigo os ossos de José, porque este fizera os filhos de

Israel jurarem: "Quando Deus vos visitar, levareis daqui os meus ossos." Tendo partido de Socot, acamparam em Etão, na extremidade do deserto. Mas as maravilhas ainda não tinham terminado. "O Senhor ia adiante deles", diz a Bíblia, "de dia numa coluna de nuvens, para guiá-los pelo caminho; de noite, numa coluna de fogo, de modo que podiam marchar de dia e de noite."

Não demorou muito para que o faraó se arrependesse do que tinha feito: deixar partir Israel e renunciar assim ao seu serviço! O faraó mandou preparar seu carro e levou com ele suas tropas. Escolheu seiscentos carros dos melhores, com homens de guerra em cada um deles. "O Senhor endureceu o coração do faraó, rei do Egito, e ele se pôs a perseguir os filhos de Israel. ... Puseram-se os egípcios a persegui-los e alcançaram-nos em seu acampamento à beira do mar: todos os carros do faraó, seus cavaleiros e seu exército os alcançaram perto de Fiairot, defronte de Beelsefon."

Pânico nas fileiras dos israelitas, que dirigem impropérios a Moisés: "Não havia, porventura, túmulos no Egito, para que nos conduzisses a morrer no deserto? Por que fizeste isso, tirando-nos do Egito? Não te dizíamos: é melhor ser escravo do que morrer no deserto?" Moisés respondeu ao povo: "Tende ânimo e vereis a libertação que o Senhor

O milagre

vai operar hoje em nosso favor. Os egípcios que vedes não os tornareis a ver. O Senhor combaterá por nós."

Agora é o Senhor quem fala a Moisés: "Levanta a tua vara, estende a mão sobre o mar e fere-o para que os israelitas possam atravessá-lo a pé enxuto. Vou endurecer o coração dos egípcios, para que se ponham ao teu encalço, e triunfarei gloriosamente sobre o faraó e sobre todo o seu exército."

Moisés estendeu a mão sobre o mar (o mar Vermelho). "O Senhor fê-lo recuar com um vento impetuoso vindo do oriente, que soprou toda a noite. E pôs o mar a seco. As águas dividiram-se, e os israelitas desceram a pé enxuto no meio do mar, enquanto as águas formavam uma muralha à direita e à esquerda. Os egípcios os perseguiram: todos os cavalos do faraó, seus carros e seus cavaleiros, internaram-se após eles no leito do mar. À vigília da manhã, o Senhor, do alto da coluna de fogo, olhou para o acampamento dos egípcios e semeou o pânico no meio deles. Embaraçou-lhes as rodas dos carros, de modo que só dificilmente conseguiam avançar. Disseram então os egípcios: 'Fujamos diante de Israel, porque o Senhor combate por eles contra o Egito.'

"O Senhor disse a Moisés: 'Estende a tua mão sobre o mar, e as águas voltar-se-ão sobre os egípcios, seus carros e seus cavaleiros.' Assim foi feito, e ao romper da manhã o mar voltou a seu nível habitual. Os egípcios que fugiam foram de encontro a ele, e o Senhor derrubou os egípcios no meio do mar. As águas voltaram e cobriram os carros, os cavaleiros e todo o exército do faraó. Não ficou um sequer."

Assim termina a cena dramática que o cinema tentou, diversas vezes, reproduzir (como em *Os Dez Mandamentos*, de Cecil B. de Mille). Ela também nos ajuda a abordar a questão do milagre na Bíblia.

Tirar da Bíblia o elemento milagroso seria arrancar-lhe páginas e páginas. Mas o que é o milagre? Precisa ele, sempre, inverter as leis da natureza? Para o episódio do mar Vermelho já se ofereceram diversas explicações. Segundo uma delas, o ponto em que os israelitas iam atravessar era terreno pantanoso; um vento mais forte poderia fazer as águas recuarem, trazendo-as depois de volta.

> Tirar da Bíblia o elemento milagroso seria arrancar-lhe páginas e páginas. Mas o que é o milagre?

É possível, mas o que importa é que, num momento absolutamente crucial, fenômenos naturais agiram no sentido de livrar os israelitas da perseguição. E isso foi tão dramático e tão decisivo que marcou para sempre a história de Israel como um momento fundador. Daí o cântico de vitória de Moisés: "Cantarei ao Senhor, porque ele manifestou a sua glória; precipitou no mar cavalos e cavaleiros." Por

O milagre

isso a Páscoa é a mais jubilosa das festas judaicas (como será, depois, no cristianismo).

O Deuteronômio, que aparece como um testamento de Moisés (mas que pode ter sido escrito mais tarde), em seu capítulo 6, o mais solene de todos, estabelece o clima da Páscoa judaica: "Quando o teu filho te perguntar, mais tarde: 'Que são esses mandamentos, essas leis e esses preceitos que o Senhor, nosso Deus, nos prescreveu?' Tu lhe responderás: 'Éramos escravos no Egito, e a mão poderosa do Senhor nos libertou. À nossa vista operou o Senhor prodígios, grandes e espantosos sinais contra o Egito, contra o faraó e toda a sua família. Tirou-nos de lá para conduzir-nos à terra que, com juramento, havia prometido a nossos pais.'"

E esse mesmo capítulo 6 inclui a oração que os judeus sempre rezaram em seus momentos de maior dificuldade: "Ouve, ó Israel! O Senhor nosso Deus é o único Senhor. Amarás o Senhor teu Deus de todo o teu coração, de toda a tua alma e com todas as tuas forças."

12. *No deserto*

"Moisés fez partir os israelitas do mar Vermelho e os dirigiu para o deserto de Sur." Se você olhar o mapa, não vai entender esse percurso. Do ponto onde o mar Vermelho é mais estreito até Canaã – a Terra Prometida – a distância não é tão grande. Mas Moisés conduz o povo na direção sul, na direção do Sinai. E nessas muitas voltas, passaram-se quarenta anos. Número bíblico; sinal de uma provação, de uma purificação.

O povo que saiu do Egito, mesmo tendo deixado a escravidão, não estava pronto para o que teria de enfrentar. Em episódio sobre episódio, a paciência de Moisés é posta à prova – e por isso a Bíblia diz que ele era "o mais paciente dos homens".

Falta água – é Moisés quem tem de providenciar. O mesmo para a comida. Como no episódio das codornizes e do maná – a comida que desceu do céu e da qual os cristãos farão um símbolo da Eucaristia.

O povo reclama: "Oxalá tivéssemos sido mortos pela mão do Senhor no Egito, quando nos sentávamos diante de panelas de carne e tínhamos pão em abundância!" O Senhor diz a Moisés que vai fazer chover pão do alto do céu. É o maná.

De crise em crise, vai se aproximando outro momento culminante. "No terceiro mês depois de sua saída do Egito, naquele dia, os israelitas entraram no deserto do Sinai. Tendo partido de Rafidim, chegaram ao deserto do Sinai, onde acamparam. Ali se estabeleceu Israel em frente do monte."

> O povo que saiu do Egito, mesmo tendo deixado a escravidão, não estava pronto para o que teria de enfrentar.

Do alto do Sinai virá para Israel a Lei. Também aqui estamos diante de uma das grandes teofanias da Bíblia. De novo, só Moisés terá a visão direta do mistério divino. Mas o cenário já é, por si mesmo, impressionante. "Todo o monte Sinai fumegava, porque o Senhor tinha descido sobre ele no meio de chamas. O fumo que subia do monte era como a fumaça de uma fornalha, e toda a montanha tremia com violência. O som da trombeta soava ainda mais forte; Moisés falava, e os trovões divinos respondiam."

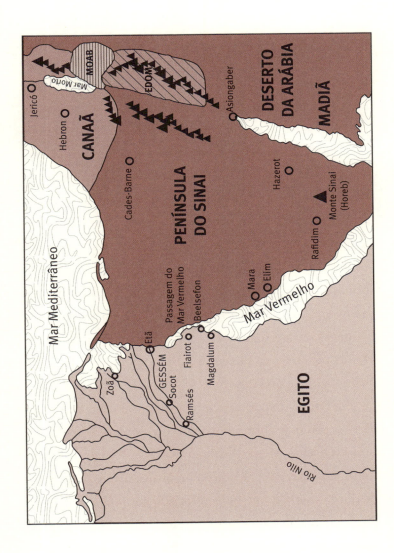

No deserto 73

Não fica muito claro de que maneira Moisés recebeu a Lei. Talvez aqui, como em outros trechos da Bíblia, estejamos diante de um texto composto, "costurado" de diversas versões. Moisés sobe uma primeira vez ao monte e recebe uma primeira versão da Lei. Mais adiante, sobe com Aarão, Nadab e Abiú, e setenta anciãos de Israel. "Eles viram o Deus de Israel. Sob seus pés havia como que um lajeado de safiras transparentes, tão límpido como o próprio céu. Sobre os eleitos dos israelitas, Deus não estendeu a mão. Viram Deus, e depois comeram e beberam." Texto raríssimo, sugerindo uma visão de Deus que não era seguida, como de costume, pela morte do atrevido. Moisés finalmente sobe sozinho. "No sétimo dia, o Senhor chamou Moisés do seio da nuvem. Aos olhos dos israelitas, a glória do Senhor tinha o aspecto de um fogo devorador sobre o cume do monte. Moisés penetrou na nuvem e subiu a montanha. Ficou ali quarenta dias e quarenta noites."

Era tempo demais para um povo que ainda estava longe de se acostumar com o novo enredo que lhe ia sendo proposto. Quando Moisés finalmente desce do monte, encontra os israelitas em celebração orgiástica diante do bezerro de ouro – o ídolo que tinham forjado para substituir o profeta, que imaginavam morto. "Moisés viu que o povo estava desenfreado, porque Aarão tinha-lhe soltado as rédeas."

O terrível castigo que se segue, em que cerca de 3 mil homens foram passados pela espada, por ordem de Moisés, pode ser explicado, nesse contexto bíblico antigo, pelo fato de que, numa das descidas de Moisés do alto do monte, ele celebrara com todo o povo uma solene aliança com o Deus que os livrara dos egípcios. O povo tinha prometido: "Faremos tudo o que o Senhor disser." Agora, o pacto era rompido; e, no Israel antigo, isso só podia ser expiado com sangue.

Podia ter sido pior: segundo o texto da Bíblia, a intenção de Javé, naquele momento, era simplesmente exterminar aquele povo, começar uma outra história. "Vejo", diz Ele a Moisés, "que esse povo tem a cabeça dura. Deixa, pois, que se acenda minha cólera contra eles e os reduzirei a nada; mas de ti farei uma grande nação."

Moisés, então, coloca-se como intercessor: "'Por que, Senhor, se inflama a vossa ira contra o povo que tirastes do Egito? Não é bom que digam os egípcios: um mau desígnio os levou, para matá-los nas montanhas e suprimi-los da face da Terra! Aplaque-se vosso furor, e abandonai vossa decisão de fazer mal ao vosso povo. Lembrai-vos de Abraão, de Isaac e de Israel, vossos servos, aos quais jurastes tornar sua posteridade tão numerosa como as estrelas do céu, e de dar aos seus descendentes essa terra de que falastes, como

No deserto 75

uma herança eterna.' E o Senhor se arrependeu das ameaças que tinha proferido contra o seu povo."

Não seria a única vez que um patriarca de Israel se poria como anteparo entre a cólera divina e a corrupção dos homens (Abraão tinha feito isso ao tentar diminuir a tragédia de Sodoma e Gomorra). O Altíssimo cede a essa mediação, concorda em mudar de atitude. É o sinal mais claro que a Bíblia pode dar da dignidade de um homem e da força do diálogo que, naqueles tempos antigos, se estabelece entre Criador e criatura.

Mas também é o sinal de um dado essencial para o entendimento da Bíblia – e da própria vida humana. O Criador tem direitos sobre a criatura, por mais que o homem moderno tenha se esquecido disso. Isso não é uma diminuição da criatura – é um dado de realidade. E se você trabalha com a realidade, tem uma chance infinitamente maior de avançar na sua realização pessoal – realização e realidade sendo palavras que partem da mesma raiz.

Há uma passagem do Livro de Jeremias que ilustra essa realidade fundamental:

> O Criador tem direitos sobre a criatura, por mais que o homem moderno tenha se esquecido disso. Isso não é uma diminuição da criatura – é um dado de realidade.

"Foi dirigida a Jeremias a palavra do Senhor nestes termos: 'Vai e desce à casa do oleiro, e ali te farei ouvir a minha palavra.' Desci, então, à casa do oleiro e o encontrei ocupado a trabalhar no torno. Quando o vaso que estava modelando não lhe saía bem, como sói acontecer nos trabalhos de cerâmica, punha-se a trabalhar em outro à sua maneira.

"Foi esta, então, a linguagem do Senhor: 'Casa de Israel, não poderei fazer de vós o que faz este oleiro? – oráculo do Senhor. O que é a argila em suas mãos, assim sois vós nas minhas, casa de Israel. Ora anuncio a uma nação ou a um reino que vou arrancá-lo e destruí-lo. Mas se essa nação contra a qual me pronunciei se afastar do mal que cometeu, arrependo-me da punição com que resolvera castigá-la. Outras vezes, em relação a um povo ou reino, resolvo edificá-lo e plantá-lo. Se, porém, tal nação proceder mal diante de meus olhos e não escutar minhas palavras, recuarei do bem que lhe decidira fazer.'"

13. *A Lei*

No centro da mensagem que Moisés recebeu no alto do Sinai está o que, pelos séculos afora, passou a ser conhecido como os Dez Mandamentos, o Decálogo, a base de toda a ética ocidental. O texto bíblico é um pouco mais florido do que o divulgado pela tradição cristã:

"Eu sou Javé, teu Deus, que te tirou da terra do Egito. Não terás outros deuses." (Para os cristãos: "Amar a Deus sobre todas as coisas.")

"Não tomarás o nome de teu Deus em vão" (é a proibição dos juramentos).

"Lembra-te do dia do sábado, para o santificar. Seis dias trabalharás, mas o sétimo dia [em hebraico, *Shabbath*] é o sábado de Javé, teu Deus. Nesse dia não farás trabalho algum, nem tu, nem teu filho, nem teu servo, nem tua serva, nem teu animal, nem o estrangeiro que está dentro das tuas portas. Porque em seis dias fez Javé o céu e a terra, e tudo o que neles há, mas no sétimo dia descansou" (é o terceiro mandamento, que, na tradição cristã, manda santificar o domingo e alguns grandes momentos do ano litúrgico).

"Honrarás teu pai e tua mãe."

"Não matarás."

"Não cometerás adultério."

"Não furtarás."

"Não levantarás falso testemunho."

"Não cobiçarás a mulher do próximo."

"Não desejarás as coisas alheias."

Palavras que ficaram ecoando, desde então, na força da sua concisão e da sua abrangência. Se esse código se parece com outros divulgados na Antiguidade, isso só vem confirmar a sua pertinência. São regras básicas para o relacionamento com o Divino e para a construção e manutenção de um ambiente social saudável.

Logo depois desse pórtico magnífico, o texto bíblico entra em minúcias que deixam perplexo o leitor moderno. É difícil acreditar que tudo aqui-

> Os Dez Mandamentos são regras básicas para o relacionamento com o Divino e a construção de um ambiente social saudável.

lo tenha sido dado a Moisés – e aos israelitas – numa única jornada. Também há coisas, ali, que não parecem estar de acordo com a dignidade da hora; e outras que seriam repudiadas sem hesitação num contexto moderno, como a coleção imensa de sentenças de morte.

Nada disso diminui a majestade da Lei mosaica. Ela se aplica, antes de tudo, a um momento fundador e a um contexto histórico que a Bíblia respeita. Regras que serviam para o tempo de Moisés podem não servir para o nosso tempo. Mas ali se estabelece um caminho de aproximação com o Divino, e normas para o dia a dia de um povo.

Há quem negue a Moisés a autoria da Lei, de tal modo ela é ampla e diversificada. Mas a maioria dos entendidos concorda em que de Moisés veio o núcleo, a Revelação fundamental. A partir daí, certamente aconteceram acréscimos, respondendo a necessidades novas.

> É preciso não esquecer que, naqueles tempos antigos, a tradição oral era tão ou mais importante do que a escrita.

É preciso não esquecer que, naqueles tempos antigos, a tradição oral era tão ou mais importante do que a escrita. Assim foram se constituindo, ao longo dos séculos, os comentários dos sábios que multiplicaram a extensão da Lei, ao mesmo tempo em que testemunhavam a sua inesgotável vitalidade e profundidade. O judeu piedoso tem paixão pela Lei, como diz o grande Salmo 118:

Concedei a vosso servo esta graça:
que eu viva guardando vossas palavras.
Abri meus olhos,
para que eu veja as maravilhas de vossa Lei.
Peregrino sou na terra,
não me oculteis os vossos mandamentos.
Consome-se minha alma
no desejo perpétuo de observar os vossos decretos.

Essa paixão, um dia, iria revestir-se de um sentido de urgência. Quando os grandes impérios se puseram em movimento, o Israel do Norte (Samaria) foi o primeiro a sucumbir nas mãos dos assírios. O reino de Judá, com capital em Jerusalém, resistiu mais um pouco, mas a sensação de insegurança era crescente.

Nos tempos do rei Josias, e depois de muitos reis indignos, houve um primeiro movimento de retorno às fontes da vida judaica, sobretudo quando se descobriram rolos da Lei nos subterrâneos do Templo. Para os eruditos, este é o momento em que a Bíblia judaica, sob a pressão dos acontecimentos, toma a forma que conhecemos hoje.

Houve a invasão dos babilônios, a destruição do Templo, o exílio. Depois de enorme sofrimento, o rei Ciro – que, por sua vez, tinha derrubado a potência dos babilônios –

concorda com o retorno dos judeus à sua terra. Esdras e Neemias são os líderes dessa comunidade que tentava retomar a sua vida. E eles sabiam onde repousava a identidade de Israel.

A cena comovente está narrada no Livro de Neemias. Sete meses depois do retorno, os israelitas viam-se de novo instalados em suas casas e cidades. "Todo o povo se reuniu então, como um só homem, na praça que ficava diante da Porta da Água [Jerusalém], e pediu a Esdras, o escriba, que trouxesse o livro da Lei de Moisés. ... Esdras fez então a leitura da Lei, ... desde a manhã até o meio-dia, na presença dos homens, mulheres, e das crianças capazes de compreender. O escriba Esdras postou-se num estrado de madeira que haviam construído para a ocasião: e todos escutavam atentamente a leitura. ... Depois disso, Neemias, o governador, Esdras, sacerdote e escriba, e os levitas que instruíam o povo, explicando os detalhes da Lei, disseram a toda a multidão: 'Este é um dia de festa consagrado ao Senhor, nosso Deus; não haja nem aflição nem lágrimas.' Porque todos choravam ao ouvir as palavras da Lei. Neemias disse então: 'Ide para as vossas casas, fazei um bom jantar, tomai bebidas doces e reparti com aqueles que nada têm. Porque este é um dia de festa consagrado ao nosso Deus. Não haja tristeza, porque a alegria do Senhor será a vossa força.'"

E, desde então, o estudo da Lei passou a ser a alma do judaísmo. Daí o valor dado ao estudo em qualquer ambiente judaico. Quando vier a Diáspora – a dispersão dos judeus, em consequência da destruição de Israel –, é esse amor à Lei – a Torá – que criará um laço indestrutível, resistente a todas as perseguições.

> O estudo da Lei passou a ser a alma do judaísmo. Daí o valor dado ao estudo em qualquer ambiente judaico.

14. *Débora*

Do grande encontro no Sinai, Israel parte para a conquista da "terra prometida", que não será tão linear quanto se possa imaginar, apesar da presença de heróis como Josué, Gedeão. É uma campanha duríssima, e os costumes da época não eram os de hoje.

Isso introduz uma dificuldade para o leitor moderno: vemos o Senhor da Bíblia entrar na refrega, ao lado de Israel, e proferir sentenças de extermínio. Será o mesmo Deus de amor de que fala a primeira Epístola de são João?

É inevitável o choque diante dessas cenas de batalha e de destruição. Nenhuma quantidade de análises e de interpretações atenuará esse choque. Continua válido um princípio: a presença divina no mundo tem a medida e a coloração de cada época. Essa presença divina em circunstância alguma atropela a humanidade. Como em qualquer época, a realidade é um desafio que os humanos procuram decifrar com a ajuda do Alto.

Uma coisa não se pode dizer: que Javé seja cegamente parcial no que toca a Israel. É a advertência que está no capítulo 9 do Deuteronômio, quando é dito a Israel: "Hoje passarás o Jordão para despojar nações maiores e mais fortes do que tu." Explica o texto bíblico, pela boca de Moisés: "Depois que o Senhor teu Deus os tiver expulsado de diante de ti, não digas no teu coração: por causa da minha justiça é que o Senhor me introduziu na posse dessa terra. Porque é por causa da perversidade dessas nações que o Senhor as despoja diante de ti. ... E é também porque o Senhor, teu Deus, quer cumprir a palavra que deu com juramento a teus pais, Abraão, Isaac e Jacó."

> Como em qualquer época, a realidade é um desafio que os humanos procuram decifrar com a ajuda do Alto.

Haveria, assim, uma misteriosa justiça que, num determinado momento, rebaixa uma nação e eleva outra; e Israel conhecerá a "descida da balança" quando se afastar do que prometera ao seu grande profeta Moisés.

Nesse contexto é que podemos ler a história de Débora, onde entramos em contato com uma fúria sagrada. Até que viesse a monarquia, os Juízes comandaram o povo hebreu na sua caminhada rumo ao norte. E houve um momento em que essa função coube à profetisa Débora, vinda de Lapidot. Ela se sentava sob uma palmeira, na montanha de Efraim, e os israelitas iam ter com ela para que dirimisse suas questões. Ela também tinha de fazer a guerra, que nunca estava longe do horizonte; e num desses momentos de perigo ela manda chamar Barac, filho de Abinoem, e lhe diz: "Eis o que te ordena o Senhor, Deus de Israel: vai ao monte Tabor, toma contigo 10 mil homens dos filhos de Neftali e de Zabulon [duas das tribos de Israel]. Quando estiveres na torrente de Cison, entregarei nas tuas mãos Sisara, chefe do exército de Jabin."

Barac responde: "Se vieres comigo, irei; se não quiseres vir comigo, não irei." "Sim", diz a profetisa, "irei contigo, mas a glória da expedição não será tua, porque o Senhor entregará Sisara nas mãos de uma mulher."

Foi anunciado a Sisara que Barac estava em marcha para o monte Tabor. Ele, então, manda vir de Haroset-Goim todos os seus carros — novecentos carros de ferro, armamento de que Israel não dispunha — e todo o povo que estava com ele. Débora diz a Barac: "Vai, este é o dia em que o Senhor te entregará Sisara. O Senhor mesmo marcha adiante de ti."

"Barac desceu do monte Tabor com 10 mil homens. E o Senhor desbaratou Sisara com todos os seus carros e todo o seu exército, que caiu ao fio da espada diante de Barac. Sisara, saltando do seu carro, fugiu a pé, enquanto Barac perseguia os carros e o exército até Haroset-Goim.

"Fugindo a pé, Sisara chegou à tenda de Jael, mulher de Heber, o cineu, porque havia paz entre Jabin, rei de Asor, e a casa de Heber, o cineu. Jael, saindo ao encontro de Sisara, lhe disse: 'Entra, meu senhor, em minha casa, e não temas.' Ele entrou na tenda e ela o ocultou sob um manto. Ele disse à mulher: 'Peço-te que me dês um pouco de água, porque tenho sede.' Ela abriu um odre de leite, deu-lhe de beber e o recobriu. Sisara disse-lhe ainda: 'Põe-te à entrada da tenda, e se qualquer pessoa te perguntar se há alguém aqui, responderás que não.'

"Jael, pois, mulher de Heber, tomou um prego da tenda juntamente com um martelo e, aproximando-se devagarinho, enterrou o prego na fonte de Sisara, pregando-o assim na terra enquanto ele dormia profundamente. Entrementes, chegou Barac. Jael, saindo-lhe ao encontro, disse: 'Vem, vou mostrar-te o homem que buscas.' Ele entrou e viu Sisara, que jazia morto por terra com o prego cravado em sua fonte."

A notícia chegou a Débora, que prorrompeu num cântico de guerra, soberbo exemplo de eloquência bíblica:

Desatou-se a cabeleira em Israel,
o povo ofereceu-se para o combate:

bendizei o Senhor!
Reis, ouvi! Estai atentos, ó príncipes!
Sou eu quem vai cantar ao Senhor.
Vou proferir um salmo ao Senhor, Deus de Israel!
Senhor, quando saístes de Seir, quando surgistes dos campos de
    Edom,
a terra tremeu, os céus se entornaram,
as nuvens desfizeram-se em água,
abalaram-se as montanhas diante do Senhor,
nada menos que o Sinai, diante do Senhor, Deus de Israel.

Nos dias de Samgar, filho de Anat,
nos dias de Jael, estavam desertos os caminhos,
e os viajantes seguiam veredas tortuosas.
Desertos se achavam os campos em Israel, desertos,
senão quando eu, Débora, me levantei,
me levantei como uma mãe em Israel.
Israel escolhera deuses novos, e logo a guerra lhe bateu às portas,
e não havia um escudo nem uma lança entre os 40 mil de Israel.
Meu coração bate pelos chefes de Israel,
pelos que se ofereceram voluntariamente entre o povo:
bendizei o Senhor!
Vós que cavalgais jumentas brancas, sentados sobre tapetes,
a galopar pelas estradas, cantai!

*A voz dos arqueiros, junto dos bebedouros, celebre
as vitórias do Senhor, as vitórias dos seus chefes em Israel!
Então o povo do Senhor desceu às portas.*

*Desperta, Débora, desperta! Desperta, desperta, canta um hino!
Levanta-te, Barac! Toma os teus prisioneiros, filho de Abinoem!
E agora descei, sobreviventes do meu povo.
Senhor, descei para junto de mim entre estes heróis.
De Efraim vêm os habitantes de Amalec;
seguindo-te, marcha Benjamim com as tropas;
de Maquir vêm os príncipes, e de Zabulon os guias com o bastão*
    [uma a uma, ela vai enumerando as tribos].
*Os príncipes de Issacar estão com Débora;
Issacar marcha com Barac e segue-lhe as pisadas na planície.
Junto aos regatos de Rubem grandes foram as deliberações do
    coração.
Por que ficaste junto ao aprisco, a ouvir a música dos pastores?
Junto aos regatos de Rubem grandes foram as deliberações do
    coração.
Galaad ficou em sua casa, além do Jordão;
e Dã, por que habita junto dos navios?
Aser assentou-se à beira do mar e ficou descansando nos seus
    portos.*

Zabulon, porém, é um povo que desafia a morte,
e da mesma forma Neftali, sobre os planaltos.

Vieram os reis e travaram combate; e travaram combate os reis
  de Canaã
em Tanac, junto às águas de Meguido;
mas não levaram espólio em dinheiro.
Desde o céu as estrelas combateram,
de suas órbitas combateram contra Sisara,
e a torrente de Cison os arrastou,
a velha torrente, a torrente de Cison.
Marcha, ó minha alma, resolutamente!
Ouviu-se, então, o troar dos cascos dos cavalos,
ao tropel, ao tropel dos cavaleiros.

Amaldiçoai Meroz, disse o Anjo do Senhor,
amaldiçoai, amaldiçoai seus habitantes!
Porque não vieram em socorro do Senhor,
em socorro do Senhor, com os guerreiros.
Bendita seja entre as mulheres Jael, mulher de Heber, o quenita!
Entre as mulheres da tenda seja bendita!
Ao que pediu água, ofereceu leite; serviu nata em taça nobre.
Com uma das mãos segurou o prego, e com a outra o martelo
  de operário,

e malhou Sisara, espedaçando-lhe a cabeça,

...

Aos seus pés ele vergou, tombou, ficou;

...

Onde vergou, ali ficou abatido!

Da janela, através das persianas, a mãe de Sisara olha e clama:
"Por que tarda em chegar o seu carro?
Por que demoram tanto as suas carruagens?"
As mais sábias das damas lhe respondem,
e ela mesma o repete a si própria:
"Devem ter achado despojos, e os repartem:
uma moça, duas moças para cada homem,
despojos de tecidos multicores para Sisara,
despojos de tecidos multicores, recamados;
uma veste bordada, dois brocados, para os ombros do vencedor."

Assim pereçam, Senhor, todos os vossos inimigos!
E os que vos amam sejam como o sol quando nasce resplendente.
...

15. Sansão

Quando se faz a guerra, acontecem outros tipos de contato. Subindo pelo deserto na direção da Palestina, os israelitas seriam submetidos a várias formas de sedução. Antes de tudo, a da própria terra, que é de uma prodigiosa diversidade. Ela é árida no planalto da Judeia; mas, um pouco ao norte, ficam os vales férteis que confirmariam a ideia de um lugar "onde jorram o leite e o mel".

Para os hebreus, era um contraste brutal com os longos anos de travessia do deserto e de moral estrita. Diante deles, desdobrava-se não só um cenário fascinante, banhado naquela luz que faz a fama da Grécia, mas a experiência de culturas muito diferentes. Ao nomadismo do povo hebreu contrapunha-se o sedentarismo de populações que viviam da agricultura, que praticavam os ritos de fertilidade onde o sexo tinha papel importante. Os povos de Canaã adoravam

Baal, o senhor da terra, sob diversas aparências, como a do monstruoso Moloch, ao qual se ofereciam sacrifícios humanos – inclusive de crianças. Mas também havia a deusa nua Astarté, que garantia a fecundidade dos rebanhos e em cujos templos se praticava a prostituição sagrada (de homens e de mulheres).

Para o povo que vinha do deserto, era provocação demais – e um calafrio de terror emerge dos textos bíblicos que se referem a essas populações idólatras. Talvez por isso alguns deles sejam tão duros: eles tentavam evitar o pior, o contágio degradante.

> Um calafrio de terror emerge dos textos bíblicos que se referem às populações idólatras.

Nem sempre foram bem-sucedidos. As moças filisteias, de moral fácil, exercendo artes milenares de sedução, significavam outros tantos testes à integridade dos guerreiros de Israel.

É o que vemos na história de Sansão, que em quase tudo se comportou como um verdadeiro herói. O "pequeno sol" – que é o significado do seu nome – cresceu de um modo que deixava claro um destino providencial. Sua força não conhecia limites; e nem suas cóleras. Mas de suas paixões bem humanas não estavam excluídas as filisteias – o que resulta em histórias pitorescas e violentas no Livro dos Juízes.

Um dia, ele encontra Dalila, que consegue submetê-lo a seus encantos. Os filisteus tomam conhecimento disso e prometem à moça qualquer recompensa se ela conseguir desvendar o segredo da força de Sansão.

Como que se divertindo, Sansão dá explicações falsas — e cada uma delas é pretexto para que ele surre os filisteus prontos a acorrentá-lo. Mas um dia, talvez cansado das lamentações de Dalila, ele conta a verdade: sua força vem de que nunca a navalha passou por seus cabelos. A traidora filisteia consegue que ele entre num sono profundo. Os cabelos são cortados; e dessa vez, quando os filisteus caem sobre ele, não existe mais a força sobre-humana. O herói, amarrado, tem os olhos furados, e a partir daí transforma-se em joguete nas mãos de seus inimigos (um dos maiores poemas da língua inglesa, "Samson agonistes", de Milton, descreve o cativeiro e os sofrimentos de Sansão, tanto mais significativos, para o poeta, porque ele também ficara cego).

Mas Javé permitirá a Sansão uma última vingança. Um dia em que tinha sido levado mais uma vez para servir de chacota numa festa que se realizava no templo de Dagon, ele pede ao menino que o conduzia que o deixe tocar nas colunas do templo. Seus cabelos tinham crescido; a antiga força estava de volta. Ele se agarra às colunas e, de repente, todo o templo vem abaixo, liquidando mais filisteus do que ele tinha eliminado durante toda a vida.

História trágica, patética, mas que tem um significado simbólico: o da rejeição do pecado e da idolatria, o do retorno ao Deus de Israel.

> História trágica a de Sansão, mas que tem um significado simbólico: o da rejeição do pecado e da idolatria.

16. *O trono e o Templo*

A figura de Samuel emerge das páginas da Bíblia com um relevo extraordinário. (Talvez se possa imaginar, aqui, a mão dos escribas do rei Davi, relatando fatos ainda recentes.) Ele é o último dos Juízes; por seu intermédio, nascerá a monarquia de Israel.

Presença enorme em tempo de dificuldades, ele parece especial desde o nascimento. Sua mãe, Ana, casada com o sacerdote Elcana, prometera entregar ao serviço do Templo o filho que ela desejava e que demorava a nascer. Quando isso acontece, ela leva o menino ao sacerdote Heli e, diante dele, prorrompe num cântico belíssimo que prefigura o "Magnificat" da Virgem Maria: "Exulta o meu coração no Senhor, nele se eleva a minha força. ... Ninguém é santo como o Senhor, não existe outro Deus além de vós..."

Eram tempos maus para Israel. Heli estava velho e tinha filhos que causavam um escândalo depois do outro. Samuel, agora crescido, recebe um chamado noturno (numa página famosa da Bíblia) em que o Senhor se dirige a ele pessoalmente, anunciando catástrofes e o fim do sacerdócio de Heli.

Os fatos não se fazem esperar. Os israelitas entram em choque com os filisteus. Como garantia da vitória, levam para o campo de batalha a Arca da Aliança, onde ficavam guardadas as Tábuas da Lei de Moisés. Mas o que se segue é a derrota inapelável, e os filisteus levam a Arca.

Heli recebe a notícia sentado na entrada do Templo. Cai para trás, fratura o crânio e morre. Tinha sido Juiz em Israel durante quarenta anos.

Samuel é o seu sucessor. Mas vinte anos se passarão até que os israelitas consigam trazer a Arca de volta.

Com Samuel, o país recupera o seu orgulho. Mas os adversários continuavam por perto. A conquista da "terra prometida" ainda é um sonho.

Envelhecendo Samuel, também seus filhos se comportam mal, como os de Heli (ó praga universal do nepotismo!). O povo começa a murmurar: "Estás velho, e teus filhos não se-

> Eram tempos maus para Israel. Heli estava velho e tinha filhos que causavam um escândalo depois do outro.

O trono e o Templo

guem as tuas pisadas. Dá-nos um rei que nos governe, como têm todas as nações!"

É o que basta para que o velho profeta se amargure. Homem de Deus, ele tem com o Altíssimo um diálogo notável. Diz-lhe o Senhor: "Ouve a voz do povo em tudo que te disserem. Não é a ti que eles rejeitam, mas a mim, pois já não querem que eu reine sobre eles. Fazem contigo o que sempre têm feito comigo, desde o dia em que os tirei do Egito: abandonam-me para servir a deuses estranhos. Atende-os agora, mas fala-lhes solenemente, dando-lhes a conhecer os direitos do rei que reinará sobre eles."

Talvez se possa falar, aqui, num caso de duplo ciúme! Mas era, de fato, uma passagem histórica: Israel não quer mais ser teocracia, quer ser uma nação como as outras. Para isso, havia até um motivo prático: um rei, unificando as tribos, parecia ter mais chances de combater os encarniçados filisteus.

Samuel, depois de arengar os israelitas, explicando a eles o que estavam realmente querendo, unge o rei indicado por Javé – primeira vez na História em que acontece esta cena que irá repetir-se pelos séculos afora nos países cristãos (daí o "direito divino dos reis").

E assim entra na Bíblia o personagem shakespeariano que é Saul – homem forte, complexo, impulsivo. Da tribo de

Benjamim, era jovem e belo no momento da unção: "Não havia em Israel outro mais belo do que ele", diz o Livro de Samuel: "do ombro para cima, sobressaía a todo o povo."

O que Saul assumiu ainda não era um Estado organizado. Depois da sagração, Saul "voltou para sua casa, em Gabaa, acompanhado de homens valentes, cujos corações tinham sido tocados pelo Senhor".

Samuel abdicara de suas funções de líder nacional. Mas ainda era o líder espiritual de Israel. Na primeira emergência – novo ataque dos filisteus –, Saul convoca o povo. O velho profeta demora a aparecer. Saul, então, realiza o holocausto e os sacrifícios preparatórios para a batalha.

Chega Samuel, que interpela o rei. Saul se explica: "Vendo que o povo se dispersava, e que tu não chegavas no tempo fixado, e que os filisteus se tinham juntado em Macmas, pensei comigo: agora eles vão cair sobre mim em Gálgala, sem que eu tenha aplacado o Senhor. Por isso ofereci eu mesmo o holocausto."

> Entra na Bíblia o personagem shakespeariano que é Saul – homem forte, complexo, impulsivo.

Responde Samuel: "Procedeste insensatamente, não observando o mandamento que te deu o Senhor teu Deus, que estava pronto a confirmar para sempre o teu trono sobre Israel. Agora o teu reino

O trono e o Templo

não subsistirá. O Senhor escolheu para si um homem segundo o seu coração, e o fará chefe do seu povo, porque não observaste as suas ordens" (ou seja, a correta relação entre poder temporal e poder espiritual).

Essa não foi a única divergência entre Saul e Samuel. Mesmo assim, fica a impressão de que toda essa parte do drama é tratada num ritmo acelerado. Aparentemente, não foi dada a Saul uma chance real de arrependimento. Seriam, aqui, os escribas de Davi traduzindo um ressentimento que se aprofundaria entre os partidários de Saul e os de seu sucessor? O fato é que, a partir daí, o rei passa a sofrer de uma oscilação de temperamento que, aos poucos, vai se agravando. Na linguagem da Bíblia, ele estaria sendo visitado periodicamente por "um espírito mau" (hoje em dia talvez disséssemos: grandes depressões).

A música o acalmava. Um cortesão informa que Isaí, de Belém, tem um filho de agradável aspecto que toca harpa. Mandam buscar o jovem; e assim começa um extraordinário relacionamento.

O jovem é Davi, que pouco depois vai ser ungido por Samuel — ainda vivo — como sucessor de Saul. Quando ele aparece, as páginas da Bíblia se iluminam. Ele seria o maior rei de Israel, fundador de uma estirpe na qual se incluiria o próprio Cristo.

Davi vem para tocar harpa. "Sempre que o espírito mau acometia o rei, Davi tomava a harpa e tocava. Saul acalmava-se, sentia-se aliviado, e o espírito mau o deixava."

17. Davi e Golias

Na continuação do Primeiro Livro de Samuel, vemos Davi novamente na corte de Saul, mas num contexto totalmente diferente, e como se o rei não o conhecesse (pode acontecer, na Bíblia, que uma mesma narrativa venha de fontes diferentes).

As guerras vão mal, os filisteus estão na ofensiva. E, de repente, eles apresentam uma arma secreta: "Saiu do acampamento dos filisteus um campeão chamado Golias, de Get, cujo talhe era de seis côvados e um palmo. Trazia na cabeça um capacete de bronze e no corpo uma couraça de escamas.... Tinha perneiras de bronze e

> As guerras vão mal, os filisteus estão na ofensiva. E, de repente, eles apresentam uma arma secreta: um campeão chamado Golias.

um dardo de bronze entre os ombros. O cabo de sua lança era como o cilindro de um tear, e sua ponta pesava seiscentos siclos de ferro."

Descrição assustadora. Mas não é preciso imaginar um gigante como o das histórias infantis. O que a Bíblia quer dizer é que era um homem muito alto, e que, além de estar todo armado para a guerra, exibia um discurso não menos assustador. Ele lança o seu desafio:

"Por que viestes dispostos a uma batalha? Não sou eu filisteu, e vós os escravos de Saul? Escolhei entre vós um homem que desça contra mim. Se ele me vencer, batendo-se comigo, e me matar, seremos vossos escravos. Mas se eu o vencer e o matar, então vós é que sereis nossos escravos e nos servireis."

Na Bíblia, e em toda a literatura antiga, a retórica é às vezes mais impactante do que a ação. E a de Golias atinge o seu alvo: "Saul e todo o Israel ouviram essas palavras do filisteu e ficaram consternados, cheios de medo." Israel já tinha a experiência de outras derrotas frente aos filisteus. Por que, agora, seria diferente?

Pela segunda vez, Davi vai entrar na cena bíblica. Ele era o filho mais moço de Isaí, cujos

> Na Bíblia, e em toda a literatura antiga, a retórica é, às vezes, mais impactante do que a ação.

Davi e Golias

três filhos mais velhos estavam com Saul. Seu pai manda-o levar provisões aos irmãos e trazer notícias.

Davi chega ao acampamento a tempo de ouvir um dos desafios diários de Golias, e vê o pânico dos israelitas. "Vedes, diziam eles, esse homem que avança? Ele vem insultar Israel. Aquele que o matar, o rei o cumulará de favores, dar-lhe-á sua filha e isentará de impostos a casa de seu pai."

Davi pergunta: "Que será feito àquele que ferir esse filisteu e tirar o opróbrio que pesa sobre Israel? E quem é esse filisteu incircunciso para insultar desse modo o exército do Deus vivo?"

Seus irmãos tratam de levá-lo ao ridículo, numa cena que lembra o comportamento dos filhos de Jacó em relação a José. "Quem mandou você vir? Com quem deixaste as ovelhas no deserto?" Mas o grande biblista Walter Brueggemann chama a atenção para o contexto "teológico" das palavras de Davi. Israel, apavorado ante o desafio do gigante, comporta-se como se Deus fosse irrelevante para a batalha. Se Deus é irrelevante face aos filisteus, então tudo está perdido. Mas Davi — o "herói inocente" dos velhos livros de cavalaria — não entende que se possa fazer abstração do Deus vivo, sustentáculo de Israel.

Os fatos chegam aos ouvidos do rei, que tem uma reação ambígua. Ele não pode saber o que está realmente por trás da convicção de Davi, mas, numa situação de desespero e desmoralização para Israel, não custa ouvir um pouco alguém que ainda se apoia cegamente na noção de um Deus que pode criar coisas novas.

E Davi se defende: "Quando o teu servo apascentava as ovelhas do seu pai e vinha um leão ou um urso roubar uma ovelha do rebanho, eu o perseguia e o matava, tirando-lhe a ovelha da boca. E se ele se levantava contra mim, agarrava-o pela goela e o estrangulava. ... O Senhor, que me salvou das garras do urso e do leão, salvar-me-á também das mãos desse filisteu."

Saul se deixa convencer. Tenta recobri-lo com um armamento convencional – capacete de bronze, couraça, espada –, que Davi rejeita sem hesitação: "Não posso andar com isso, pois não estou acostumado." Em vez disso, ele toma do cajado e escolhe no riacho cinco pedras lisas, pondo-as no alforje de pastor que lhe servia de bolsa. Em seguida, com a funda na mão, avança contra o filisteu.

A ação se precipita. Golias, precedido de seu escudeiro, aproxima-se de Davi: "Mediu-o com os olhos e, vendo que era jovem, louro e de delicado aspecto, desprezou-o." Fala o gigante: "Sou eu porventura um cão, para vires a mim com um cajado? Vem, e eu darei a tua carne às aves do céu e aos animais da terra" (suprema desonra para um guerreiro).

Davi responde: "Tu vens contra mim com espada, lança e escudo. Eu, porém, vou contra ti em nome do Senhor dos Exércitos, do Deus das fileiras de Israel, que tu insultaste. Hoje, o Senhor te entregará nas minhas mãos, e eu te matarei, te cortarei a cabeça e darei os cadáveres do exército dos filisteus às aves do céu e aos animais da terra". "Toda a Terra saberá que há um Deus em Israel, e toda essa multidão saberá que não é com a espada nem com a lança que o Senhor triunfa, pois a batalha é do Senhor, e ele vos entregou em nossas mãos!"

Parece literário para um momento de combate, mas assim os capitães da Antiguidade arengavam suas tropas, ou exprobavam seus inimigos. A partir daí, o desfecho é rápido: "Levantou-se o filisteu e marchou contra Davi. Davi também correu para a linha inimiga ao encontro do filisteu. Meteu a mão no alforje, tomou de uma pedra e arremessou-a com a funda, ferindo o filisteu na testa. A pedra penetrou-lhe na fronte, e o gigante caiu com o rosto por terra. Assim venceu Davi o filisteu. E como não tinha espada, correu ao filisteu, subiu-lhe em cima, arrancou-lhe a espada da bainha e acabou de matá-lo, cortando-lhe a cabeça. Vendo morto o seu campeão, os filisteus fugiram."

Delírio em Israel, que recuperava um herói à altura dos grandes Juízes — Josué, Gedeão. Começava a lenda de Davi, que se estenderia pelos séculos afora.

Mas o ciúme entrava na alma de Saul. "Voltando o exército, depois de Davi ter matado o filisteu, saíam as mulheres ao encontro do rei Saul, cantando e dançando ao som dos tamborins e címbalos. E diziam: 'Saul matou os seus mil, e Davi seus 10 mil.' Irritou-se Saul ao extremo, e desagradou-lhe tal coisa. 'Dão 10 mil a Davi, e a mim apenas mil. Só lhe falta a coroa!'"

Prossegue o texto bíblico: "No dia seguinte, apoderou-se de Saul um espírito mau, e ele teve um acesso de delírio em sua casa. Como nos outros dias, Davi pôs-se a tocar a cítara. Saul, que tinha uma lança na mão, arremessou-a contra Davi, dizendo: 'Vou cravá-lo na parede.' Mas Davi desviou-se do golpe por duas vezes.

"Saul temia Davi porque o Senhor estava com o jovem, e tinha se retirado dele. Afastou-o então de si, estabelecendo-o chefe de mil homens, à frente dos quais Davi empreendia suas expedições. Saiu-se bem em todas as suas empresas, porque o Senhor estava com ele. Saul, vendo-o tão engenhoso, teve medo dele. Mas todos em Israel e Judá o amavam, porque ele entrava e saía diante deles."

18. *A Arca em Jerusalém*

Morto Golias, Saul cumpre a promessa e dá a Davi sua filha Micol em casamento. Mas já então todos os pensamentos do rei convergiam para a eliminação de Davi. Essa parte do Livro de Samuel se lê como um romance de aventuras, Davi saltando como um cabrito-montês para escapar das perseguições de Saul. Há até lances cômicos, como o dia em que o rei, em campanha, entra numa caverna para satisfazer suas necessidades sem perceber que Davi estava escondido ali e poderia matá-lo, se quisesse. E sobre esse pano de fundo de ódio ressalta ainda mais a amizade entre Davi e Jônatas, filho de Saul.

> Em desespero, Saul lança mão de todos os recursos; e uma página impressionante é sua visita à feiticeira de Endor.

Em desespero, Saul lança mão de todos os recursos; e uma

página impressionante é sua visita à feiticeira de Endor, quando lhe aparece o fantasma de Samuel para dizer que, de fato, seus dias estão contados, e a coroa terminará na cabeça de Davi.

O fim inglório chega numa escaramuça com os filisteus, de que resultam a morte de Saul e de Jônatas. Davi prorrompe num cântico que é de guerra e de tristeza:

Tua flor, Israel, pereceu nas alturas!
Como tombaram os heróis?

Não anuncieis em Get,
nem o publiqueis
nas ruas de Ascalon,
para que não exultem
as filhas dos filisteus,
para que não se regozijem
as filhas dos incircuncisos.

Montanhas de Gelboé,
não haja sobre vós
nem orvalho nem chuva!
Campos assassinos,
onde foi maculado
o escudo dos heróis!

Num Israel profundamente dividido, ainda vai se passar algum tempo até que Davi consolide realmente sua autoridade. Mas um ponto alto é a tomada de Jerusalém, que Davi, com visão estratégica, transformará em sua capital — a cidade nas montanhas, de onde se divisam as planícies de Judá. E ponto mais alto ainda é o transporte, para Jerusalém, da Arca da Aliança. Diz o texto:

"Quando os carregadores da Arca do Senhor completavam seis passos, sacrificavam-se um boi e um bezerro cevado. Davi dançava com todas as suas forças diante do Senhor, cingido com um *efod* de linho [veste sacerdotal muito curta, que cobria somente a cintura]. O rei e todos os israelitas conduziram a Arca do Senhor, soltando gritos de alegria e tocando a trombeta. Ao entrar a Arca do Senhor na cidade de Davi, Micol, filha de Saul, olhando pela janela, viu o rei Davi saltando e dançando diante do Senhor. E desprezou-o em seu coração.

"... Voltando Davi para abençoar a família, Micol, filha de Saul, veio-lhe ao encontro e lhe disse: 'Como se distinguiu hoje o rei de Israel, dando-se em espetáculo às servas de seus servos e descobrindo-se sem pudor, como qualquer um do povo!' Respondeu Davi: 'Foi diante do Senhor que dancei; diante do Senhor que me escolheu e me preferiu a teu pai e a toda a tua família, para fazer-me o chefe de seu povo de Israel. Foi diante do Senhor que dancei. E me rebaixarei ainda mais, e me aviltarei aos teus olhos, mas serei honrado pelas escravas de que falaste.' E Micol, filha de Saul, não teve mais filhos até o dia de sua morte."

Depois disso, a Bíblia registra diversas campanhas militares de Davi, contra os filisteus, os moabitas, os amorreus de Damasco, todas elas bem-sucedidas. Israel finalmente parece mais seguro de suas fronteiras. Num encontro com o profeta Natã, Davi expressa sua intenção de construir, em Jerusalém, um templo para o Senhor. Mas o profeta, depois de uma visão noturna, traz a Davi uma mensagem do Senhor segundo a qual a construção desse templo caberá a um filho de Davi (o futuro rei Salomão).

Davi responde com uma bela oração em que se coloca inteiramente nas mãos de Deus. Devem datar dessa época alguns dos Salmos que lhe são atribuídos, expressão fervorosa da religiosidade de Israel num momento em que parecia chegar a um ponto culminante a Aliança estabelecida desde os dias do monte Sinai.

Mas não demora muito para que Davi descubra como os reis estão sujeitos às mesmas paixões que atormentam o comum dos mortais.

> Não demora muito para que Davi descubra como os reis estão sujeitos às mesmas paixões que atormentam o comum dos mortais.

19. *A queda*

Poucas histórias são tão concisas e eficazes, na Bíblia, como a que descreve o pecado de Davi. "Na época em que os reis saem para a guerra", diz o Livro de Samuel, "Davi enviou Joab com os seus suboficiais e todo o Israel, que devastaram a terra dos amonitas e sitiaram Raba." Curioso texto, retratando uma época em que a guerra era tão comum que tinha até estação propícia.

Davi ficara em Jerusalém. Uma tarde, passeando pelo terraço de seu palácio, avistou lá embaixo uma mulher que se banhava e que era muito formosa. Informando-se a respeito dela, disseram-lhe: "É Betsabé, filha de Elião, mulher de Urias, o hiteu."

> O Livro de Samuel retrata uma época em que a guerra era tão comum que tinha até estação propícia.

Davi manda mensageiros trazerem a mulher. "Ela veio, e Davi dormiu com ela." Em pouquíssimo tempo, Betsabé descobre que está grávida e manda a informação ao rei. Davi, então, envia uma mensagem ao seu general, Joab: "Manda-me Urias, o hiteu."

Chega Urias, que estava em campanha, e Davi lhe pede notícias de Joab, do exército e da guerra. Terminada a entrevista, ele diz ao guerreiro: "Desce à tua casa e lava os teus pés." Urias saiu do palácio do rei, e este mandou que o seguissem. A implicação era óbvia: o "descanso do guerreiro" criaria o álibi para a gravidez de Betsabé. "Mas Urias não desceu à sua casa: dormiu à porta do palácio, com os demais servos de seu amo."

Informado disso, o rei chama novamente o guerreiro: "Não voltaste porventura de uma viagem? Por que não vais à tua casa?" Resposta de Urias: "A Arca se aloja debaixo de uma tenda, assim como Israel e Judá. Joab, meu chefe, e seus suboficiais acampam ao relento, e teria eu ainda a coragem de entrar em minha casa para comer, beber e dormir com minha mulher? Pela tua vida, não farei tal coisa."

Davi lhe diz: "Fica ainda hoje aqui; amanhã te despedirei." Urias ficou. No dia seguinte, Davi o convidou, fez com que ele comesse e bebesse em sua presença e o embriagou. Mas, chegando a noite, Urias não foi para casa – como no dia anterior, deitou-se com os servos de Davi.

Na manhã seguinte, Davi escreveu uma carta para Joab e mandou-a por Urias. Dizia a carta: "Põe Urias na frente, onde o combate for mais ardoroso, e desamparai-o para que ele seja ferido e morra." Joab, que sitiava a cidade, fez o que Davi mandara. "Saíram os assediados contra Joab e tombaram alguns dos homens de Davi; morreu também Urias, o hiteu."

Joab mandou informar Davi sobre todas as peripécias do combate, instruindo o mensageiro: "Quando tiveres contado ao rei todos os pormenores do combate, se ele se indignar e disser: 'Por que vos aproximastes da cidade para lutar? Não sabeis que atiram projéteis do alto da muralha? ... Não foi assim que morreu o filho de Abimelec? Por que vos aproximastes dos muros?', então dirás: 'Morreu também o teu servo Urias, o hiteu.'"

Partiu o mensageiro e fez o que lhe tinham mandado. Quando ele terminou de contar a sua história ao rei, disse Davi: "Diz a Joab que não se aflija por causa disso, pois a espada devasta ora aqui, ora ali. Mas que ele prossiga vigorosamente em sua luta contra a cidade, até destruí-la."

Conclui a Bíblia: "Ao saber da morte de seu marido, a mulher de Urias chorou-o. Passado o luto, Davi mandou buscá-la e recolheu-a em sua casa. Ela se tornou sua mulher e lhe deu um filho. Mas o procedimento de Davi desagradara ao Senhor."

Aparece então o profeta Natã, que entra no palácio do rei e lhe diz: "Dois homens moravam na mesma cidade, um rico e outro pobre. O rico possuía ovelhas e bois em grande quantidade; o pobre só tinha uma ovelha, que ele comprara. Ele a criava e ela crescia junto dele, com os seus filhos, comendo do seu pão, dormindo no seu seio. Ela era para ele como uma filha. Um dia, o homem rico recebeu uma visita e, não querendo tomar de suas ovelhas nem de seus bois para servir ao recém-chegado, foi e apoderou-se da ovelhinha do pobre, preparando-a para o seu hóspede."

Davi, indignado, diz a Natã: "Pela vida de Deus! O homem que fez isso merece a morte. Ele restituirá sete vezes o valor da ovelha, por ter feito isso e não ter tido compaixão."

Natã respondeu: "Tu és este homem. Eis o que diz o Senhor Deus de Israel: 'Ungi-te rei de Israel, salvei-te das mãos de Saul, dei-te a casa do teu senhor e pus suas mulheres nos teus braços. Entreguei-te a casa de Israel e de Judá, e se isso ainda fosse pouco, eu teria ajuntado outros favores. Por que desprezaste o Senhor, fazendo o que é mau a seus olhos? Feriste com a espada Urias, o hiteu, para fazer de sua mulher a tua esposa, e o fizeste perecer pela espada dos amonitas. Por causa disso, jamais se afastará a espada da tua casa. ... Eis o que diz o Senhor: 'Vou fazer que se levantem contra ti males vindos da tua própria casa. Sob os teus olhos, tomarei as tuas mulheres e as darei a um outro, que dormirá com elas à luz do sol. Porque tu agiste em segredo, mas eu o farei diante de todo o Israel.'"

Logo em seguida, adoece o menino que Davi tivera com Betsabé. O rei entra em desespero, passa dia e noite em casa, jogado por terra, vestido de um saco. "Ao sétimo dia", diz o texto, "morreu o menino, e os servos do rei não ousavam dar-lhe a notícia." Mas quando, finalmente, Davi é informado, levanta-se, muda de roupa, põe um perfume e manda que lhe sirvam a refeição. Aos servos espantados, ele explica: "Eu jejuava e orava pelo menino, enquanto vivia, pensando: Quem sabe o Senhor terá pena de mim e me deixará o meu filho? Mas agora que morreu, para que jejuar ainda? Posso por acaso fazê-lo voltar à vida? Eu é que irei para junto dele. Ele, porém, não voltará mais a mim."

Termina a história: "Davi consolou Betsabé, sua mulher. Foi procurá-la e dormiu com ela. Ela concebeu e deu à luz um filho, ao qual chamou Salomão. O Senhor o amou e revelou isso a Davi, por intermédio do profeta Natã." É um lado bem pouco convencional do Senhor da Bíblia: o filho de Betsabé terá um reinado glorioso. Mas, para Davi, os problemas não tinham terminado.

Pode ter sido nessa época que ele compôs o grande Salmo 50, que lhe é atribuído:

> *Tende piedade de mim, Senhor, segundo a vossa bondade.*
> *E conforme a imensidão de vossa misericórdia,*
> *apagai a minha iniquidade.*
> *Lavai-me totalmente da minha falta e purificai-me de meu*
>   *pecado.*
>
> *Eu reconheço a minha iniquidade;*
> *diante de mim está sempre o meu pecado.*
> *Só contra vós pequei:*
> *o que é mau fiz diante de vós.*
> *Vossa sentença assim se manifesta justa,*
> *e reto o vosso julgamento.*
> *Eis que nasci na culpa,*
> *minha mãe concebeu-me no pecado.*
> *Não obstante, amais a sinceridade de coração.*
> *Infundi-me, pois, a sabedoria no mais íntimo de mim.*
> *Aspergi-me com um ramo de hissope e ficarei puro.*
> *Lavai-me e me tornarei mais branco do que a neve.*
> *Fazei-me ouvir uma palavra de gozo e de alegria,*
> *para que exultem os ossos que trituraste.*
> *Dos meus pecados desviai os olhos,*
> *e minhas culpas todas apagai.*

20. *Absalão, Absalão...*

Como anunciado pelo profeta Natã, sofrimentos vão cair sobre a casa de Davi – todos eles contados no Livro de Samuel com a competência estilística de um grande escritor. Primeiro vem a história de Amnon, filho de Davi, que se apaixona por sua meia-irmã, Tamar. Aconselhado por um péssimo amigo, Amnon finge-se de doente e pede que Tamar vá lhe levar alguma coisa em seu quarto. Quando isso acontece, ele avança sobre a irmã. Ela tenta argumentar: "Não, meu irmão, não me violentes. Não se faz tal coisa em Israel. Não cometas semelhante infâmia. Aonde levaria eu o meu opróbrio? E tu serias olhado como um ímpio em Israel. É melhor que fales ao rei: ele não recusará dar-me a ti." Amnon não está para raciocínios: usando da força, deita-se com a irmã. E depois disso, juntando ofensa a injúria, expulsa-a do quarto.

Tamar derrama cinza sobre a cabeça, rasga o longo vestido e afasta-se gritando. Cena que é presenciada por Absalão, personalidade forte entre os filhos de Davi, que passa a odiar Amnon. Diz o texto bíblico: "O rei Davi soube de tudo o que tinha acontecido, e inflamou-se a sua cólera, mas não quis afligir seu filho Amnon, a quem amava por ser o seu primogênito."

Assim o grande rei decai na nossa estima, e na dos próprios filhos. Não tarda muito e Absalão articula um massacre de príncipes reais; mas o único a ser morto é Amnon. Davi se desespera; Absalão foge para Gessur, onde ficará três anos.

Amigos do príncipe deixam passar um pouco de tempo e começam a trabalhar a reconciliação. Transcorridos mais seis anos, ele acaba sendo admitido à presença do rei. Vem o abraço da paz.

Absalão tinha os recursos de um sedutor: "Não havia em todo o Israel homem mais belo que Absalão, e que fosse tão admirado como ele. Da cabeça aos pés, não havia nele defeito algum. Quando cortava o cabelo – o que fazia a cada ano, porque a sua cabeleira se tornava por demais pesada –, o peso deste era de duzentos siclos, pelo peso real. Nasceram-lhe três filhos e uma filha, chamada Tamar, que era de grande beleza."

O fogo continuava aceso por baixo da palha. Absalão passa a conspirar contra Davi. Sentava-se junto à grande porta de Jerusalém e interpelava pessoas que vinham procurar o rei para um julgamento. "Vê, dizia Absalão, a tua causa é boa e justa; mas não há ninguém para te ouvir da parte do rei." E acrescentava: "Ah, quem me dera ser juiz desta terra!"

Quatro anos se passaram; e o astro novo, como muitas vezes acontece, consegue eclipsar o velho. Um dia, Absalão se afasta de Jerusalém; e, quando se descobre, há uma revolta vinda de todos os lados. "Vieram anunciar a Davi: 'Os israelitas aderem a Absalão!' Davi disse então a todos os que estavam com ele em Jerusalém: 'Vamos, fujamos, porque não podemos de outro modo escapar a Absalão! Apressai-vos e parti, não suceda que ele nos surpreenda de repente e nos inflija a ruína, passando a cidade ao fio da espada.'"

As cenas que se seguem são patéticas. "O rei partiu a pé com toda a sua família, mas deixou dez concubinas para guardar o palácio. O rei saiu, pois, a pé com todos os seus servos, e se detiveram na última casa. Todo o seu exército desfilava ao seu lado; os cereteus, os feleteus e todos os geteus em número de seiscentos homens que o tinham seguido

> Quatro anos se passaram; e o astro novo, como muitas vezes acontece, consegue eclipsar o velho.

desde Get, todos marchavam diante do rei." Força bem modesta para quem tinha comandado multidões. Na sua fuga, o rei vem da cidade alta, na direção do Cedron, o riachinho que o Cristo atravessará na sua última noite. "Davi subiu chorando o monte das Oliveiras, cabeça coberta e descalço. Todo o povo que o acompanhava subia também chorando, com a cabeça coberta."

Sucedem-se as humilhações. "Quando o rei chegou a Baurim, apareceu um homem da família de Saul, chamado Semei, o qual ia proferindo maldições enquanto andava. Atirava pedras contra o rei Davi e contra todos os seus servos, embora guerreiros valentes se encontrassem à direita e à esquerda do rei. E o amaldiçoava, dizendo: 'Vai-te embora, homem sanguinário, o Senhor faz cair sobre ti o sangue da casa de Saul, cujo trono usurpaste.'" Um dos generais de Davi se oferece para cortar a cabeça do insolente. Responde Davi: "Se meu filho, fruto das minhas entranhas, conspira contra a minha vida, quanto mais agora esse benjaminita? Deixai-o amaldiçoar, se o Senhor o ordenou. Talvez o Senhor considere a minha aflição e me dê compensação por esses ultrajes."

Os ultrajes aconteciam também em outro cenário. Absalão entra vitorioso em Jerusalém. Um de seus companheiros de armas, Aquitofel, sugere: "Aproxima-te das concubinas de teu pai, que ficaram aqui para guardar o palácio. Assim todo o Israel saberá que te tornaste odioso ao teu pai, e os teus partidários ganharão coragem." "Armaram para Absalão uma tenda no terraço, e ali, à vista de todo o Israel, ele vinha abusar das concubinas de seu pai."

O que se segue é a guerra, porque Davi continuava a ser um grande general, e ainda tinha quem o apoiasse. Depois de algumas escaramuças, chega a hora do confronto decisivo (sabemos até, pela Bíblia, o modo como Davi organizou o seu exército). O rei, como bom soldado, queria pôr-se à frente das tropas, mas seus homens não concordam: "Não, tu não irás; pois, se fugíssemos, não dariam atenção a isso, e mesmo que morra a metade de nós, isso não teria importância. Tu, porém, vales por 10 mil." Davi concorda em ficar na retaguarda. Mas dá uma ordem: "Poupai-me o jovem Absalão."

"Saiu o exército contra Israel e travou-se o combate na floresta de Efraim. Os israelitas foram batidos pela gente de Davi, e houve naquele dia uma grande carnificina."

Assim se chega ao ato final:

"Absalão encontrou-se de repente em presença dos homens de Davi. Montava uma mula, e esta enfiou-se sob a folhagem espessa de um grande carvalho. A cabeça de Absalão prendeu-se nos galhos da árvore, e ele ficou suspenso entre o céu e a terra, enquanto a mula que montava passava adiante."

Foram contar a Joab, general de Davi, porque ninguém tinha coragem de atingir o filho do rei. Joab veio correndo, tomou três dardos e os plantou no coração de Absalão. "E estando ele ainda vivo no carvalho, dez jovens escudeiros de Joab o cercaram e acabaram de matá-lo."

Ao rei Davi iam chegando informações da batalha e

> O rei subiu ao quarto e pôs-se a chorar. E, enquanto ia, dizia: "Absalão, meu filho, meu filho Absalão... Por que não morri em teu lugar?"

de como os rebeldes estavam sendo derrotados. A todos ele perguntava por Absalão, sem obter resposta, até que chega o último mensageiro, um cusita: "Saiba o rei, meu senhor, da boa-nova: o Senhor te fez hoje justiça contra todos os que se tinham revoltado contra ti." O rei disse ao cusita: "Tudo vai bem para o jovem Absalão?" E o mensageiro respondeu: "Sejam como esse jovem os inimigos do rei, meu senhor, e todos os que se levantam contra ti para te fazer mal." "Então o rei comoveu-se, subiu ao quarto e pôs-se a chorar. E, enquanto ia, dizia: 'Absalão, meu filho, meu filho Absalão... Por que não morri em teu lugar? Absalão, meu filho, meu filho...'"

21. *Salmos: luz e sombra*

A ordem do mundo pode ser uma coisa infinitamente majestosa. Montaigne, que deixou fama de cético, escreveu uma vez: "Não é só que Deus tenha criado o mundo; como ele o fez bonito!"

Na cidade grande, normalmente perdemos a noção disso. Mas é só sair um pouco dos centros urbanos e, de repente, a natureza aparece com uma glória – um excesso de beleza – que não tem nada de "natural".

E sustentando a glória, há a ordem, surpreendente: a ordem que se pode ver tanto no movimento dos astros como na vidinha rasteira das formigas.

> Como tudo parece caminhar segundo uma determinada lei! Os hindus têm para isso o grande conceito do *dharma*.

Como tudo parece caminhar segundo uma determinada lei! Os hindus têm para isso o grande conceito do *dharma* – a lei universal que rege a natureza e a vida dos homens.

Um grande artista pode ter acesso a esse plano. Na música clássica, é a sensação que transmite, por exemplo, a obra de Bach: exatamente essa impressão de uma coisa que, ao mesmo tempo, é bela e consistente; como se você estivesse pisando num chão inabalável – beleza e consistência caminhando juntas para criar uma impressão de serenidade extraordinária.

> Beleza e consistência caminham juntas para criar uma impressão de serenidade extraordinária.

É um tipo de visão que podemos encontrar no Livro dos Salmos – uma perspectiva que levanta nossos olhos da poeira do dia. Por exemplo, no Salmo 103 (104 da Bíblia hebraica):

> *Senhor, meu Deus, vós sois imensamente grande!*
> *De majestade e esplendor vos revestis,*
> *envolvido de luz como de um manto.*
> *Vós estendestes o céu qual pavilhão,*
> *acima das águas fixastes vossa morada.*
> *De nuvens fazeis vosso carro, andais nas asas do vento;*

fazeis dos ventos os vossos mensageiros,
e dos flamejantes relâmpagos vossos ministros.

Fundastes a terra em bases sólidas
que são eternamente inabaláveis.
Vós a tínheis coberto com o manto do oceano,
as águas ultrapassavam as montanhas.
Mas à vossa ameaça elas se afastaram,
ao estrondo de vosso trovão estremeceram.
Elevaram-se as montanhas, sulcaram-se os vales
nos lugares que vós lhes destinastes.
Estabelecestes os limites, que elas não hão de ultrapassar,
para que não mais tornem a cobrir a terra.

Mandastes as fontes correr em riachos,
que serpeiam por entre os montes.
Ali vão beber os animais dos campos;
neles matam a sede os asnos selvagens.
Os pássaros do céu vêm aninhar-se em suas margens,
e cantam entre as folhagens.
Do alto de vossas moradas derramais a chuva nas montanhas,
do fruto de vossas obras se farta a terra.
Fazeis brotar a relva para o gado,
e plantas úteis ao homem,

para que da terra possa extrair o pão
e o vinho que alegra o coração do homem.

Assim prossegue o salmo, nesse tom "cósmico" que poderia prolongar-se indefinidamente. Lembra um pouco certos quadros chineses antigos, em que a figura humana aparece muito pequena dentro de uma natureza que irradia beleza.

Essa sensação de segurança absoluta aparece em outros salmos, e é um dado fundamental na psicologia religiosa de Israel. Como no Salmo 124, que diz:

Os que confiam no Senhor são como o monte Sião,
eternamente firme.
Assim como Jerusalém está toda cercada de montanhas,
assim o Senhor envolve seu povo, agora e sempre.

Mas o Livro dos Salmos tem uma outra face – porque ele é o retrato íntimo da vida religiosa de Israel. E sabemos que a vida (não só a religiosa) alterna bons e maus momentos. O rabino Nilton Bonder dizia, numa palestra recente, que a vida espiritual depende de dois aspectos: a intuição do transcendente e o sentimento do "mal-estar".

> O Livro dos Salmos é o retrato íntimo da vida religiosa de Israel. E sabemos que a vida (não só a religiosa) alterna bons e maus momentos.

> Se os santos têm as suas angústias, muito mais o homem comum. Isso também apareceu na arte.

Curiosa afirmação. Não está o homem religioso sempre seguro da misericórdia divina, e do seu destino após a morte? Isso pode ser verdade em algumas pessoas — os santos, por exemplo — que chegaram a um grau definitivo de realização espiritual. Mas não é sabido que, mesmo na vida dos santos, a paz da transcendência não brilha sempre? E se os santos têm as suas angústias, muito mais o homem comum. Isso também apareceu na arte. Faz parte do espírito da Renascença, quando o homem ocidental quase rompeu com o legado "religioso" da Idade Média. Shakespeare descreveu, no *Rei Lear*, a angústia humana diante de uma realidade que não podemos controlar; descreveu a perplexidade de Hamlet, os crimes da família Macbeth.

Aqui na nossa literatura, temos o legado de Camões, que não só cantou o "mal de amor" como a sensação quase metafísica do "desconcerto do mundo". É o tema de uma das suas oitavas:

> *Quem pode ser no mundo tão quieto,*
> *Ou quem terá tão livre o pensamento,*
> *Quem tão expr'imentado e tão discreto,*
> *Tão fora, enfim, de humano entendimento*

Que, ou com público efeito, ou com secreto,
Lhe não revolva e espante o sentimento,
Deixando-lhe o juízo quase incerto,
Ver e notar do mundo o desconcerto?

Esse "desconcerto do mundo" é uma espécie de mal-estar existencial — que, no mundo moderno, desembocou exatamente no existencialismo, no *Homem revoltado* de Albert Camus.

No caminho da vida, mesmo as pessoas mais "bem-resolvidas" tendem a oscilar entre esses dois polos. Há um momento em que você consegue sintonizar com aquela harmonia do cosmos — sobretudo se você tem um certo tipo de espírito filosófico, o chamado "nervo metafísico". É o que fazia um Emerson referir-se a *"the splendour of meaning that plays over the visible world"* (o esplendor de sentido que parece pairar sobre o mundo visível).

Um instante depois, ou algumas horas depois, ou um dia depois, foi-se o sentido da harmonia; a vida range nas suas juntas como um carro maltratado. E o mais curioso é que isso não é especialidade dos adultos. Quem não se lembra daquela tristeza funda, aparentemente sem motivo, que pode acometer uma criança? (Talvez porque as crianças tenham o "nervo metafísico" ainda não embotado pelas correrias da vida.)

O "mal-estar existencial" não é um capricho dos filósofos: é um aguilhão que recorda ao ser humano a especiali-

> É o choque existencial que nos arranca do comodismo; que pode, eventualmente, quebrar a carapaça do ego – o que é sinônimo de salvação.

dade do seu destino; o fato de que, ao contrário dos animais, não estamos neste planeta apenas para atender a alguns instintos básicos e depois mergulhar num sono profundo.

Todas as grandes tradições religiosas mencionam essa função do choque existencial, da própria dor, como meio de acordar o indivíduo para a sua verdadeira vocação – a da procura de uma resposta. É o choque existencial que nos arranca do comodismo; que pode, eventualmente, quebrar a carapaça do ego – o que é sinônimo de salvação.

Na história de Israel, essas duas realidades se alternam – a da confiança e a do pedido de socorro. Muitas vezes, esse pedido ainda comporta uma conotação filial – como alguém que chama o pai sabendo que ele está perto.

Outras vezes, um salmo pode expressar uma angústia mais funda, a descida num poço que parece não ter fim. Por exemplo, o Salmo 87, do qual parece ter se retirado toda a luz:

Senhor, meu Deus, de dia clamo a vós,
e de noite vos dirijo o meu lamento.
Chegue até vós a minha prece,

inclinai vossos ouvidos à minha súplica.
Minha alma está saturada de males
e próxima da região dos mortos a minha vida.
Já sou contado entre os que descem à tumba,
tal qual um homem inválido e sem forças.
Meu leito se encontra entre os cadáveres,
como os dos mortos que jazem no sepulcro,
dos quais vós já não vos lembrais,
e não vos causam mais cuidados.
Vós me lançastes em profunda fossa,
nas trevas de um abismo.
Sobre mim pesa a vossa indignação;
vós me oprimis com o peso das vossas ondas.
Afastastes de mim os meus amigos,
objeto de horror me tornastes para eles.
Estou aprisionado sem poder sair,
meus olhos se consomem de aflição.

Até o fim, é o tom do salmo, certamente um dos mais escuros da Bíblia:

Por que, Senhor, repelis a minha alma?
Por que me ocultais a vossa face?

Na linguagem dos místicos, seria possível dizer que é a "noite escura" que são João da Cruz descreveu como um caminho de purificação.

Mas essas são extremidades da vida espiritual. Em situações menos extremas, podemos sentir esse tecido de luz e de sombra – a luz dando certeza de um destino; a sombra, mostrando que ainda não chegamos lá, e que, se alguém se deixa capturar pelos atrativos da estrada, corre o risco de não chegar nunca – de desperdiçar a melhor de todas as oportunidades.

> Em situações menos extremas, podemos sentir a luz dando certeza de um destino; a sombra, mostrando que ainda não chegamos lá.

22. *Salomão*

Tudo em Salomão é grandioso e solene; mas ele parece mais distante de nós do que seu pai, Davi. E um dos grandes mistérios da Bíblia (ou da natureza humana) é que o reinado mais glorioso coincida com o começo do declínio de Israel.

Sagrado rei, Salomão vai a Gabaon para ali oferecer um sacrifício (o Templo ainda não tinha sido construído). O Senhor lhe aparece em sonhos e diz: "Pede-me o que quiseres, e eu te darei."

Salomão responde: "Destes com liberdade vossa graça ao vosso servo Davi, meu pai, porque ele andou em vossa presença com fidelidade, na justiça e retidão de seu coração. Em virtude dessa grande benevolência, destes-lhe um filho que hoje está sentado no seu trono. ... Mas eu não passo de um adolescente, e não sei como me conduzir. ... Dai, pois, ao vosso servo um coração sábio, capaz de julgar o vosso povo e discernir entre o bem e o mal."

O Senhor respondeu: "Pois que me fizeste este pedido, e não pediste nem longa vida, nem riqueza, nem a morte de teus inimigos, mas sim inteligência para praticar a justiça, vou satisfazer o teu desejo. Dou-te um coração tão sábio e inteligente como nunca houve igual antes de ti e nem haverá depois. Dou-te, além disso, o que não me pediste: riqueza e glória. ... E se andares em meus caminhos e observares os meus preceitos e mandamentos como o fez Davi, teu pai, prolongarei a tua vida."

Diz a Bíblia: "Salomão despertou: foi um sonho. Voltando a Jerusalém, apresentou-se diante da Arca da Aliança e ofereceu holocaustos e sacrifícios pacíficos; e deu um banquete a todos os seus servos."

O dia a dia do rei logo confirmou que ele estava possuído de uma graça especial. Sucedem-se as histórias sobre a sabedoria de Salomão. A mais famosa é a das duas prostitutas que se apresentam ao rei (nas velhas cortes do Oriente havia essa tradição, de que era possível chegar ao rei). Uma delas toma a palavra para dizer que viviam as duas juntas, com

> O dia a dia de Salomão logo confirmou que ele estava possuído de uma graça especial. Sucedem-se várias histórias sobre sua sabedoria.

dois filhos pequenos, e dormiam na mesma cama. A queixosa diz que a outra, dormindo, abafou o próprio filho, e o matou, mas aproveitou-se da escuridão para trocar as crianças. "Quando acordei de manhã para amamentar meu filho, encontrei-o morto; mas, olhando melhor, vi que não era o meu filho, e sim o da outra." "Mentira!", responde a acusada, "o teu filho é que morreu; o que está vivo é o meu." E assim disputavam diante do rei.

Salomão toma a palavra: "Tu dizes: é o meu filho que está vivo, e o teu é o que morreu. E tu replicas: não é assim, é o teu filho que morreu, e o meu é que está vivo. Vejamos, trazei-me uma espada." Trouxeram ao rei uma espada. "Cortai pelo meio o menino vivo", ele diz, "e dai metade a uma e metade à outra." "A mulher que era mãe do menino vivo sentiu suas entranhas comoverem-se e disse ao rei: 'Rogo-te, meu senhor, que dês a ela o menino vivo, não o mateis.' A outra, porém, dizia: 'Ele não será meu nem teu: seja dividido.' Então o rei pronunciou o seu julgamento: 'Dai o menino vivo a esta mulher; não o mateis, pois é ela a sua mãe.'" E o povo se maravilhou com a sabedoria do rei.

Começa então a construção do Templo, que levaria treze anos. O poder e a riqueza da monarquia chegavam a seu ponto culminante; e nada foi poupado para que a casa de Deus exibisse todas as perfeições possíveis – o que a Bíblia descreve com minúcia, quase com delícia.

> Nada foi poupado para que a casa de Deus exibisse todas as perfeições possíveis – o que a Bíblia descreve com minúcia, quase com delícia.

De novo, há uma solene transferência da Arca, e um sinal que lembra os tempos do deserto: "Quando os sacerdotes saíram do lugar santo, uma nuvem encheu o Templo do Senhor, de tal modo que os sacerdotes não puderam ficar ali para exercer as funções do seu ministério; porque a glória do Senhor enchia o Templo." A isto se segue o discurso de Salomão – retórica bíblica em grau superior de eloquência. O Senhor responderá, pouco depois, num sonho, e no mesmo plano de transcendência.

A fama de Salomão se espalha, e chegam visitantes de todos os lados para conferir o que se contava. Um desses visitantes é a rainha de Sabá (território africano que parece corresponder à atual Etiópia; tanto assim que o rei etíope Hailé Selassié, em pleno século XX, considerava-se descendente de Salomão). A rainha chegou a Jerusalém com numerosa comitiva, com camelos carregados de aromas e uma grande quantidade de ouro e pedras preciosas. "Apresentou-se diante do rei Salomão e disse-lhe tudo o que tinha no espírito. A tudo respondeu o rei. Nenhuma de suas perguntas lhe pareceu obscura."

Conta a Bíblia: "Quando a rainha de Sabá viu toda a sabedoria de Salomão, a casa que ele tinha feito, os manjares de sua mesa, os apartamentos de seus servos, os copeiros do rei e os holocaustos que ele oferecia no Templo do Senhor, ficou estupefata, e disse ao rei: 'É bem verdade o que ouvi a teu respeito e de tua sabedoria, na minha terra. Eu não quis acreditar no que me diziam, antes de vir aqui e ver com meus próprios olhos. Mas eis que não contavam nem a metade: tua sabedoria e tua opulência são muito maiores do que a fama que havia chegado até mim. Felizes os teus homens, felizes os servos que estão sempre contigo e ouvem a tua sabedoria. Bendito seja o Senhor teu Deus, a quem aprouve colocar-te sobre o trono de Israel.'"

Estende-se a Bíblia, ainda, sobre a opulência de Salomão, sobre o fato de que de todo lado vinham presentes e estrangeiros desejosos de ter acesso, ainda que de longe, à majestade do rei. Não por acaso, diversos livros da Bíblia — os livros de sabedoria — são atribuídos a Salomão.

Pois é esse mesmo Salomão — como que pagando tributo a tanta glória e poder — que, de

> É esse mesmo Salomão que, de repente, parece precipitar-se lá do alto e abrir o caminho para a destruição de Israel. Ou foram os pecados da carne?

repente, parece precipitar-se lá do alto e abrir o caminho para a destruição de Israel. Ou foram os pecados da carne?

Diz o Primeiro Livro dos Reis: "O rei Salomão, além da filha do faraó [sua primeira mulher], amou muitas mulheres estrangeiras: moabitas, amonitas, edomitas, sidônias. ... Teve setecentas esposas de classe principesca e trezentas concubinas. E suas mulheres perverteram-lhe o coração. Sendo já velho, elas o seduziram para que servisse a outros deuses [a maldição de Canaã!]. E o seu coração já não pertencia sem reservas ao Senhor seu Deus, como o de Davi, seu pai. Salomão prestou culto a Astarté, deusa dos sidônios, e a Melcom, o abominável ídolo dos amonitas. Fez o mal aos olhos do Senhor, não lhe foi inteiramente fiel como seu pai, Davi. Ergueu templos para que suas mulheres estrangeiras cultuassem os seus próprios deuses. E o Senhor se irritou contra Salomão. E lhe disse: 'Já que procedeste assim, e não guardaste a minha Aliança, nem as leis que te prescrevi, vou tirar-te o reino e dá-lo ao teu servo. Todavia, em atenção a teu pai, Davi, não o farei durante a tua vida. Tirá-lo-ei, sim, mas da mão de teu filho. Não lhe tirarei o reino todo, mas deixarei a teu filho uma tribo, por amor de meu servo Davi, e por amor de Jerusalém, a cidade que escolhi.'"

Era o roteiro do que ia acontecer com a morte de Salomão – a partilha do reino, em consequência da espantosa inabilidade de Roboão, filho de Salomão; a constituição do reino do Norte, sob Jeroboão, reunindo todas as tribos menos uma; o reino do Sul, Judá, com capital em Jerusalém. Desenho político que duraria até a invasão dos assírios e a eliminação do reino do Norte.

23. Erotismo na Bíblia

*B*eija-me com os beijos da tua boca
Porque os teus amores são mais deliciosos que o vinho
e suave é a fragrância dos teus perfumes.
Arrasta-me para ti, corramos!
O rei me introduziu nos seus aposentos.
Exultemos de alegria e de júbilo.
...
Como és formosa, amiga minha!
Como és bela!
Teus olhos são como pombas.
...
Nosso leito é um leito verdejante,
...
teu pescoço é semelhante à torre de Davi,
...

*Os teus seios são como dois filhotes
gêmeos de uma gazela*

...

Como são deliciosas as tuas carícias

...

*Meu amado passou a mão pela abertura da porta
e o meu coração estremeceu.*

...

O meu amado desceu ao seu jardim.

Como encaixar na Bíblia esses ardentes poemas de amor? Há quem se sinta incomodado, e diga simplesmente que se trata de um corpo estranho ao cânone.

Também há o extremo oposto: o dos místicos (são Bernardo à frente), que fizeram desse poema o símbolo do amor entre o Cristo e a sua Igreja – ou entre a alma e o Criador. Era o estilo alegórico, querido de muitos mestres antigos.

E também há posições intermediárias, que parecem mais modernas. O Cântico dos Cânticos, nesse sentido, é uma das partes da Bíblia que sugerem mais fortemente a intercomunicação dos estágios do Ser – a

> Como encaixar na Bíblia ardentes poemas de amor? Há quem se sinta incomodado, e diga simplesmente que se trata de um corpo estranho.

gloriosa possibilidade de transposição de um mundo para o outro; um mundo remetendo ao outro, um mundo explicando e justificando o outro.

> O erotismo não faz parte da nossa natureza? O ruim é congelar o erotismo num determinado plano. O sexo matando ou sufocando o amor.

O Cristo era mestre nessas transposições. Não é outra coisa o universo das parábolas – o mundo sensível servindo de encaminhamento, de pista, para o mundo do espírito.

Também nesse sentido houve avanços "teóricos", a partir de uma velha linha platônica em que o sensível apenas sinalizava o suprassensível – a matéria como prisão da alma. Já não gostamos de pensar assim: se o sensível anuncia o suprassensível, será que ele deixa, por isso, de ter a sua realidade própria?

Nessa visão mais "moderna", não precisaríamos esvaziar o Cântico dos Cânticos da sua carga erótica. O erotismo não faz parte da nossa natureza? O ruim, como acontece agora, é congelar o erotismo num determinado plano. Nesse fechamento, ele se torna suicida – o sexo matando ou sufocando o amor.

Mas se preservarmos a possibilidade da transposição, as portas se abrem; o físico serve de maravilhosa introdução a um outro plano; a ligação física dos amantes remete ao encontro das almas.

A Bíblia está carregada de transposições. Esse é o mundo das parábolas: a fé como um grão de mostarda, que se transforma no maior dos arbustos; a ovelhinha perdida que o pastor vai procurar; os lírios do campo que se vestem melhor do que Salomão; os pássaros do céu que não se preocupam com o dia seguinte.

Não é essa própria abundância de imagens um sinal de que o mundo físico não precisa ser relegado ao território das sombras? Quando você está sedento e tem acesso a um copo de água fresca, não dá para perceber, nesse momento, uma espécie de bondade original das coisas – aquela bondade que o Criador identifica em cada dia da Criação?

A água, elemento físico, se presta a fulgurantes transposições. A água purificadora é o instrumento do batismo. E, no diálogo com a samaritana, o Cristo leva a transposição adiante: "Todo aquele que beber desta água tornará a ter sede, mas o que beber da água que eu lhe der jamais terá sede; e a água que eu lhe der virá a ser nele fonte de água jorrando para a vida eterna."

O Cristo também realiza essa transposição com o pão – outro elemento básico da vida humana. Quando ele faz a multiplicação dos pães, está mostrando aos discípulos (e não à multidão, que não viu nada) que a Palavra divina é alimento em todos os sentidos. E depois ele dirá: "Eu sou o Pão Vivo que desceu do céu."

Assim se prepara o maior de todos os ritos. Na Quinta-Feira Santa ele institui o sacramento central da vida cristã. A partir dali, a matéria do pão e do vinho se transforma no Corpo e no Sangue do Salvador, na sequência do rito que só o sacerdote pode efetuar. As barreiras entre os mundos tinham sido misteriosamente derrubadas.

24. Profetas

No centro da Bíblia está a coleção dos profetas. Eles aparecem como figuras impressionantes, fora das normas. Todos receberam uma convocação do Alto, passaram por uma experiência transformadora e querem comunicar essa experiência ao povo – muitas vezes, nas circunstâncias mais difíceis. Jeremias aconselha a não resistência aos babilônios. Chamado de traidor, poderia ter pago essa audácia com a vida. Isaías, diz a tradição, foi serrado ao meio.

Mas se pareciam, às vezes, aves de mau agouro, os profetas também levaram a Israel uma arte de viver em tempos de catástrofe. Eles foram o último refúgio da esperança.

A noção convencional de profeta é a de alguém que prevê o futuro. Isso faz parte da visão profética. Mas o profeta é sobretudo alguém que está falando em nome de Deus.

> Os profetas levaram a Israel uma arte de viver em tempos de catástrofe. Eles foram o último refúgio da esperança.

Figuras proféticas aparecem em vários pontos do Antigo Testamento. Famoso é o choque entre Elias e os sacerdotes de Baal, nos tempos do rei Acaz; ou o diálogo entre o rei Davi e o profeta Natã, quando ninguém ainda sabia do crime cometido pelo rei.

Mas aqui vamos nos ocupar dos profetas que deixaram obra escrita – os "quatro grandes", que são Isaías, Jeremias, Daniel e Ezequiel, e os doze "pequenos profetas", assim chamados de acordo com a dimensão de seus textos.

Para os cristãos, o imenso *corpus* dos profetas tem um significado especial: é como um gonzo que abre a porta para o futuro. A figura do Messias, que já vinha de antigas tradições judaicas, toma forma, ainda que misteriosa, expressa na linguagem mais eloquente do mundo.

Como lembra o grande biblista Abraham Heschel, o profeta é uma pessoa, não um microfone. Dentro do patético das situações, a voz divina passa por uma voz humana. E, assim, cada um deles tem o seu tom de voz – digamos, a sua afinação. O profeta também é poeta, patriota, estadista, moralista, crítico da sociedade. Daí a riqueza desses textos.

Eles aparecem em momentos críticos. Termina a época – a de Davi, de Salomão – em que Israel se beneficiava de uma relativa sonolência dos grandes impérios. Eles agora estão em movimento, buscando mais poder, e a estreita faixa costeira que é Israel vai ser território de passagem dos assírios e babilônios – um jogo de que os egípcios também participarão.

Dentro desse quadro geral, cada profeta tem a sua personalidade. Amós era pastor em Técua, localidade próxima de Belém. Em meio à prosperidade do reinado de Jeroboão I (reino do Norte), ele prega ameaças e anuncia castigos. Joel só nos é conhecido por seu poema. Oseias é um dos primeiros profetas (século VIII a.C.). Nele, a arte do simbolismo é aplicada ao pé da letra. O Senhor lhe diz: "Vai e desposa uma mulher dada ao adultério, e aceita filhos adulterinos, porque a nação procedeu mal para com o Senhor." Ele vai e desposa Gomer. Esta concebeu e lhe deu um filho. E o Senhor diz a Oseias: "Chama-o Jezreel, porque dentro em breve punirei a casa de Jeú pelos massacres de Jezreel. Naquele dia, quebrarei o arco de Israel na planície de Jezreel." E assim por diante.

> Os profetas não estavam falando em tempos triviais, ou para um público dócil. Arriscavam a vida no que faziam.

Profetas 147

Os estilos variam tanto quanto as histórias pessoais. Mas têm, todos, uma conotação dramática. Esses homens de Deus não estavam falando em tempos triviais, ou para um público dócil. Arriscavam a vida no que faziam. O Livro de Joel anuncia a chegada dos assírios:

> *Tocai a trombeta em Sião,*
> *dai alarme no meu monte santo!*
> *Estremeçam todos os habitantes da Terra,*
> *eis que se aproxima o dia do Senhor,*
> *dia de trevas e de escuridão,*
> *dia nublado e coberto de nuvens.*
> *Tal como a luz da aurora, derrama-se sobre os montes*
> *um povo imenso e vigoroso,*
> *como nunca houve semelhante desde o princípio,*
> *nem depois haverá outro*
> *até as épocas longínquas.*
> *Diante dele, um fogo devorador;*
> *atrás, uma chama abrasadora.*
> *Diante dele a Terra é um paraíso;*
> *atrás, é um deserto desolador;*
> *nada lhe escapa.*
> *Têm a aparência de uma tropa de cavalos,*
> *e como cavalos se precipitam:*

dir-se-ia o estrondo de carros saltando sobre os cumes dos montes,
ou o crepitar da chama que devora a palha,
ou um formidável exército disposto em ordem de batalha.
Diante deles tremem os povos,
os rostos empalidecem
...

Mensagens tremendas que culminam com a do último profeta, Malaquias.

Mas também há juramentos de amor, traduzindo a relação apaixonada entre Javé e o povo por ele escolhido. Como em Oseias:

Israel era ainda criança, e já eu o amava,
e do Egito chamei meu filho.
Mas, quanto mais os chamei, mais se afastaram;
ofereceram sacrifícios aos Baal
e queimaram ofertas aos ídolos.
Eu, entretanto, ensinava Efraim [Israel] *a andar,*
tomava-o nos meus braços,
mas não compreenderam que eu cuidava deles.
Segurava-os com laços humanos, com laços de amor;
...
Como poderia eu abandonar-te, ó Efraim,

ou trair-te, ó Israel?
...
Meu coração se revolve dentro de mim,
eu me comovo de dó e compaixão.

Aparecem fortes visões sociais, imprecações contra os ricos. Como em Amós:

Ouvi isto, vós que engolis o pobre,
e fazeis perecer os humildes da terra,
dizendo: Quando passará a lua nova,
para vendermos o nosso trigo,
e o sábado,
para abrirmos os nossos celeiros,
diminuindo a medida e aumentando o preço,
...
(Compraremos os infelizes por dinheiro
e os pobres por um par de sandálias.)
...
O Senhor jurou pelo orgulho de Jacó:
não esquecerei jamais nenhum de seus atos.

Ao lado da advertência, sempre a promessa do perdão. Como em Oseias:

Curarei a sua infidelidade,
amá-los-ei de todo o coração,
(porque minha cólera apartou-se deles.)
Serei para Israel como o orvalho;
ele florescerá como o lírio,
e lançará raízes como o álamo.
...
Eu mesmo, que o afligi, torná-lo-ei feliz.

25. *O maior de todos*

Isaías é o maior de todos os profetas; e talvez o melhor escritor em toda a Bíblia. Viveu num dos períodos mais conturbados da história de Israel e teve contato direto com os governantes — o que faz crer que tenha vindo da aristocracia. Mas sua defesa dos pobres é tão eloquente quanto a de um Miqueias.

> Como pôde Israel esquecer-se da grande aliança que foi pactuada no Sinai?
> O Senhor, que escolhera Israel, reage como um amante ferido.

Seu grande tema é o dos demais profetas: como pôde Israel esquecer-se da grande aliança que foi pactuada no Sinai? O Senhor, que escolhera Israel, reage como um amante ferido; e é essa dor que perpassa o grande Livro de Isaías:

Ouvi, céus, e tu, ó terra, escuta,
é o Senhor quem fala:
"Eu criei filhos e os eduquei;
eles, porém, se revoltaram contra mim.
O boi conhece o seu possuidor,
e o asno, o estábulo do seu dono;
mas Israel não conhece nada,
e meu povo não tem entendimento."
...
Abandonaram o Senhor,
desprezaram o Santo de Israel,
e lhe voltaram as costas.
Onde vos ferir ainda,
quando persistis na rebelião?
Toda a cabeça está enferma,
e todo o coração, abatido.
Da planta dos pés até o alto da cabeça, não há nele coisa sã.

Pede-se uma nova religião.

De que me serve a multidão das vossas vítimas?, diz o Senhor.
Já estou farto de holocaustos de cordeiros
e da gordura de novilhos cevados.
Eu não quero sangue de touros e de bodes.
...

Vossas mãos estão cheias de sangue: lavai-vos, purificai-vos.
...
Cessai de fazer o mal, aprendei a fazer o bem.
Respeitai o direito, protegei o oprimido;
fazei justiça ao órfão, defendei a viúva.

Mas logo se propõe uma reconciliação:

Pois bem, justifiquemo-nos, diz o Senhor.
Se vossos pecados forem escarlates, tornar-se-ão brancos como
  a neve!
Se forem vermelhos como a púrpura, ficarão brancos como a lã!

Para isso, é necessário um outro comportamento:

Ai daqueles que desde a manhã procuram a bebida,
e que se retardam à noite nas excitações do vinho!
Amantes da cítara e da harpa,
do tamborim e da flauta,
e do vinho em seus banquetes,
mas para as obras do Senhor não têm um olhar sequer.

Isaías foi beneficiado com uma das teofanias mais famosas da História. Ele conta:

"No ano da morte do rei Ozias, eu vi o Senhor sentado em um trono muito elevado. As franjas de seu manto enchiam o Templo. Os serafins se mantinham junto dele. Cada um deles tinha seis asas. Com um par (de asas) velavam a face; com outro cobriam os pés; e, com o terceiro, voavam. Suas vozes se revezavam e diziam:

Santo, santo, santo
é o Senhor do Universo.
A Terra inteira
proclama a sua glória!

"A este brado, as portas estremeceram em seus gonzos e a casa encheu-se de fumaça. 'Ai de mim, gritava eu. Estou perdido, porque sou um homem de lábios impuros, entretanto, meus olhos viram o rei, o Senhor dos Exércitos!' Porém, um dos serafins voou em minha direção. Trazia na mão uma brasa viva, que tinha tomado do altar com uma tenaz. Aplicou-a na minha boca e disse: 'Tendo esta brasa tocado teus lábios, teu pecado foi tirado, e tua falta apagada.' Ouvi então a voz do Senhor que dizia: 'A quem enviarei eu? E quem irá por nós?' 'Eis-me aqui', disse eu, 'enviai-me.' 'Vai, pois, falar a esse povo', disse ele."

E segue-se a mensagem tremenda:

Escutai, sem chegar a compreender,
olhai, sem chegar a ver.

Obceca o coração desse povo,
ensurdece-lhe os ouvidos, fecha-lhe os olhos,
de modo que não veja nada com seus olhos,
nem ouça com seus ouvidos,

...

"Até quando, Senhor?"... E ele respondeu:
"Até que as cidades fiquem devastadas e sem habitantes,
as casas, sem gente, e a terra, deserta."

O momento histórico é dramático. Os sírios se preparam para atacar Jerusalém. O rei de Israel é Acaz, que treme de medo. O Senhor diz a Isaías que procure Acaz e lhe instile confiança. O rei não está com essa disposição. O Senhor então se dirige ao próprio Acaz e diz: "Pede ao Senhor teu Deus um sinal, seja do fundo da habitação dos mortos, seja lá do Alto." Acaz responde: "De maneira alguma. Não quero pôr o Senhor à prova." Isaías, então, entra em cena, com um discurso que ecoará pelos séculos: "Ouvi, casa de Davi: não vos basta fatigar a paciência dos homens? Pretendeis cansar também o meu Deus? Por isso, o próprio Senhor vos dará um sinal: uma virgem conceberá e dará à luz um filho, e o chamará Emanuel [Deus conosco]."

Acaz não se emenda. Recebe novas imprecações:

Porque este povo rejeitou as águas tranquilas de Siloé,
e perdeu o domínio diante de Rasin e do filho de Romelia [os sírios],
o Senhor fará cair sobre ele as águas do rio, abundantes e impetuosas
(o rei da Assíria com todo o seu poder).

O profeta está desanimado com o povo e com seus governantes. Seu olhar mergulha no futuro:

O povo que andava nas trevas viu uma grande luz;
sobre aqueles que habitavam uma região tenebrosa
resplandeceu uma luz.
Vós suscitais um grande regozijo,
provocais uma imensa alegria;
rejubilam-se diante de vós como na alegria da colheita,
como exultam na partilha dos despojos.
Porque o jugo que pesava sobre ele,
a coleira de seu ombro
e a vara do feitor,
vós o quebrastes, como no dia de Madiã.
Porque todo calçado que se traz na batalha,
e todo manto manchado de sangue
serão lançados ao fogo

> e tornar-se-ão presa das chamas;
> porque um menino nos nasceu,
> um filho nos foi dado;
> a soberania repousa sobre seus ombros,
> e ele se chama:
> Conselheiro admirável, Deus forte,
> Pai eterno, Príncipe da paz.
> Seu império será grande e a paz sem fim
> sobre o trono de Davi e em seu reino.
> Ele o firmará e o manterá
> pelo direito e pela justiça,
> desde agora e para sempre.
> Eis o que fará o zelo do Senhor dos Exércitos.

Texto admirável, que Haendel (no "Messias") transformou em música igualmente admirável.

É o tema messiânico, exposto com o máximo de eficácia.

Outro trecho com o mesmo sentido, e igualmente célebre, é o começo do capítulo 11:

> Um renovo sairá do tronco de Jessé,
> e um rebento brotará de suas raízes.
> Sobre ele repousa o Espírito do Senhor,
> Espírito de sabedoria e de entendimento,
> Espírito de prudência e de coragem,

Espírito de ciência e de temor ao Senhor.
...
Ele não julgará pelas aparências,
e não decidirá pelo que ouvir dizer;
mas julgará os fracos com equidade,
fará justiça aos pobres da Terra,
ferirá o homem impetuoso com uma sentença de sua boca,
e com o sopro dos seus lábios fará morrer o ímpio.
A justiça será como o cinto de seus rins,
e a lealdade circundará seus flancos.

Então o lobo será hóspede do cordeiro,
a pantera se deitará ao pé do cabrito,
o touro e o leão comerão juntos,
e um menino pequeno os conduzirá;
...
A criança de peito brincará junto à toca da víbora,
e o menino desmamado meterá a mão na caverna da áspide.
Não se fará mal nem dano
em todo o meu santo monte,
porque a Terra estará cheia da ciência do Senhor,
assim como as águas recobrem o fundo do mar.

O barulho da guerra está por toda parte nesse livro magnífico. Era a realidade de Israel — e, na verdade, de todos os povos da região. O profeta ora mira os inimigos, ora os próprios israelitas, que demoram a entender as mensagens do Alto. Mas é característico, em Isaías, que esses gritos de guerra sejam temperados por efusões líricas:

> *Até que sobre nós se derrame o espírito do Alto,*
> *então o deserto se mudará em vergel,*
> *...*
> *no deserto reinará o direito,*
> *e a justiça residirá no vergel.*
> *...*
> *Bem-aventurados sereis por semear à margem de todos os cursos*
>   *d'água,*
> *e por deixar o boi e o asno sem peias.*

(Sempre a água, o verdadeiro tesouro daquelas terras secas.)

26. O segundo Isaías

No vasto *corpus* das profecias de Isaías, os eruditos identificam blocos que parecem ter sido escritos em épocas diferentes. Assim se tornou costume falar de um "primeiro Isaías" – o que escreveu por volta do ano 700 a.C. – e um segundo Isaías, que já seria contemporâneo do Exílio (invadidos os dois reinos de Israel, pelos assírios e depois pelos babilônios, os israelitas foram levados para cidades como Nínive e a própria Babilônia). A isso se refere um famosíssimo poema de Camões: "*Sobolos rios que vão/ por Babilônia me achei/ onde sentado chorei/ as lembranças de Sião...*" (ver Salmo 136).

O profeta fala sempre para o seu tempo, para as contingências da hora. Assim, se o "primeiro" Isaías tentava evitar a catástrofe admoestando seu povo, o "segundo" já se dirige a um povo ensopado de lágrimas, e a sua missão é diferente: soerguer os ânimos, anunciar um caminho de salvação. Para

Walter Brueggemann, este segundo Isaías também fala diretamente para os tempos de hoje. Pois o que somos nós, hoje, senão exilados, numa civilização que se desligou das suas raízes, que sufoca debaixo de um mar de consumismo? Ao homem de hoje, como ao daquele tempo, o profeta oferece a possibilidade de uma volta ao lar, de um reencontro com o Pai. Assim ele escreve:

> O que somos nós, hoje, senão exilados, numa civilização que se desligou de suas raízes, que sufoca debaixo de um mar de consumismo?

Consolai, consolai meu povo, diz vosso Deus.
Animai Jerusalém, dizei-lhe bem alto
que suas lidas estão terminadas,
que sua falta está expiada,
que recebeu, da mão do Senhor,
pena dupla por todos os seus pecados.
Uma voz exclama: "Abri no deserto um caminho para o Senhor,
traçai reta na estepe uma pista para nosso Deus.
Que todo vale seja aterrado,
que toda montanha e colina sejam abaixadas:
que os cimos sejam aplainados,
que as escarpas sejam niveladas!"
Então a glória do Senhor se manifestará;

todas as criaturas juntas apreciarão o seu esplendor,
porque a boca do Senhor o prometeu.

E mais adiante:

Cantai ao Senhor um cântico novo,
do fim do mundo entoai seus louvores;
que o mar o celebre com tudo o que contém,
assim como as ilhas com seus habitantes!
Que o deserto e suas vilas elevem a voz,
assim como os acampamentos onde habita Cedar!

Há um compromisso a ser renovado:

E agora, eis o que diz o Senhor,
aquele que te criou, Jacó, e te formou, Israel:
nada temas, pois eu te resgato,
eu te chamo pelo nome, és meu.
Se tiveres de atravessar a água, estarei contigo.
E os rios não te submergirão;
se caminhares pelo fogo, não te queimarás,
e a chama não te consumirá.
Pois eu sou o Senhor, teu Deus,
o Santo de Israel, teu salvador.
Dou o Egito por teu resgate,

> *a Etiópia e Sabá em compensação.*
> *Porque és precioso a meus olhos,*
> *porque eu te aprecio e te amo.*

Além de tudo, essa oferta é gratuita, como diz esse maravilhoso texto que faz parte da liturgia católica:

> *Todos vós, que estais sedentos, vinde à nascente das águas;*
> *vinde comer, vós que não tendes alimento.*
> *Vinde comprar trigo sem dinheiro,*
> *vinho e leite sem pagar!*
> *Por que despender vosso dinheiro naquilo que não alimenta,*
> *e o produto de vosso trabalho naquilo que não sacia?*
> ...
> *Prestai-me atenção, e vinde a mim;*
> *escutai, e vossa alma viverá:*
> *quero concluir convosco uma aliança eterna,*
> *outorgando-vos os favores prometidos a Davi.*

Misteriosamente, por todo esse livro correm os poemas do Servo, que não sabemos quem é, mas cuja figura vai assumindo, aos poucos, um sentido profético:

> *Eis meu Servo que eu amparo,*
> *meu eleito ao qual dou toda a minha afeição,*

faço repousar sobre ele meu espírito,
para que leve às nações a verdadeira religião.
Ele não grita, nunca eleva a voz,
não clama nas ruas.
Não quebrará o caniço rachado,
não extinguirá a mecha que ainda fumega.
Anunciará com toda a franqueza a verdadeira religião;
não desanimará, nem desfalecerá,
até que tenha estabelecido a verdadeira religião sobre a Terra,
e até que as ilhas desejem seus ensinamentos.

Num dos poemas seguintes, é o próprio Servo quem fala:

Ilhas, ouvi-me;
povos de longe, prestai atenção!
O Senhor chamou-me desde meu nascimento;
ainda no seio da minha mãe, ele pronunciou meu nome.
Tornou minha boca semelhante a uma espada afiada,
cobriu-me com a sombra de sua mão.
Fez de mim uma flecha penetrante,
guardou-me na sua aljava.
E disse-me: "Tu és meu servo,
(Israel) em quem me rejubilarei."

Mais um passo, e o retrato vai se delineando:

O Senhor Deus deu-me a língua de um discípulo
para que eu saiba reconfortar pela palavra o que está abatido.
Cada manhã ele desperta meus ouvidos
para que escute como discípulo;
...
e eu não relutei,
não me esquivei.
Aos que me feriam, apresentei as espáduas,
e as faces àqueles que me arrancavam a barba;
não desviei o rosto
dos ultrajes e dos escarros.
Mas o Senhor Deus vem em meu auxílio:
eis por que não me senti desonrado;
enrijeci meu rosto como uma pedra,
convicto de não ser desapontado.
Aquele que me fará justiça aí está.
Quem ousará atacar-me?

E, finalmente, o capítulo 53, que já parece uma revelação:

Quem poderia acreditar nisso que ouvimos?
A quem foi revelado o braço do Senhor?
Cresceu diante dele como um pobre rebento

enraizado numa terra árida;
não tinha graça nem beleza para atrair nossos olhares,
e seu aspecto não podia seduzir-nos.
Era desprezado, era a escória da humanidade,
homem das dores, experimentado nos sofrimentos;
...
Em verdade, tomou sobre si nossas enfermidades,
e carregou os nossos sofrimentos:
e nós o reputávamos como um castigado,
ferido por Deus e humilhado.
Mas ele foi castigado por nossos crimes,
e esmagado por nossas iniquidades;
o castigo que nos salva pesou sobre ele,
fomos curados graças às suas chagas.
...
Foi maltratado e resignou-se;
não abriu a boca,
como um cordeiro que se conduz ao matadouro
e uma ovelha muda nas mãos do tosquiador.
...
Por um iníquo julgamento foi arrebatado.
Quem pensou em defender sua causa,
quando foi suprimido da terra dos vivos,
morto pelo pecado de meu povo?
Foi-lhe dada sepultura ao lado de facínoras

e ao morrer achava-se entre malfeitores,
se bem que não haja cometido injustiça alguma,
e em sua boca nunca tenha havido mentira.
Mas aprouve ao Senhor esmagá-lo pelo sofrimento;
se ele oferecer sua vida em sacrifício expiatório,
terá uma posteridade duradoura, prolongará seus dias,
e a vontade do Senhor será por ele realizada.

Esse texto foi escrito cerca de quinhentos anos antes do nascimento de Jesus Cristo.

27. Sabedoria tranquila: o Eclesiástico

Do que era a vida de Israel uns cem ou duzentos anos antes do nascimento de Cristo dá notícia o Eclesiástico, texto que não foi incluído na Bíblia judaica (nem na protestante), mas que é um dos livros mais simpáticos na literatura do velho Israel. O título grego é "Sabedoria de Jesus, filho de Sirac" (daí ser chamado às vezes "o Sirácida"). Na Igreja latina, passou a ser o Eclesiástico, ou "Livro da Igreja", porque era utilizado com frequência na instrução dos fiéis.

Seu autor é um escriba originário de Jerusalém, vivendo num momento em que a cultura grega — o helenismo — exerce uma pressão fortíssima sobre o antigo Israel. É a época em que os macabeus pegarão em armas contra a tirania de Antíoco Epifanes.

O sábio do Eclesiástico — ou a pessoa de quem ele se apresenta como neto e tradutor — prefere combater com as armas de uma serena persuasão, quase filosófica.

O livro é um apelo à fidelidade e um louvor à história de Israel. Perdeu-se o texto original; temos tradução grega e latina (esta, repleta de interpolações). É melhor seguir o texto grego — escrito exatamente para aquele mundo que sofria a sedução dessa cultura dominante na época.

Diz o Prólogo: "No ano 38 do reinado de Ptolomeu Evergeta, vim ao Egito, onde permaneci muito tempo. Aí encontrei, deixado ao abandono, este livro, encerrando doutrina que não se deve desprezar. Por isso julguei que fosse útil e mesmo necessário trabalhar com cuidado para traduzi-lo." Continua o escriba: "... meu avô Jesus [nome comum em Israel] quis escrever algo instrutivo e cheio de sabedoria, a fim de que as pessoas desejosas de instruir-se, esclarecidas por suas lições, pudessem dedicar-se mais e mais à reflexão e progredir na vida conforme a Lei." É o tipo milenar do judeu estudioso, que ama a Lei, que vê nela uma fonte de vida, que resiste à infiltração de outras crenças.

> O Eclesiástico tem um tom filosófico, e a primeira coisa que procura deixar clara é que a sabedoria vem de Deus, não é obra humana.

O Eclesiástico tem um tom filosófico, mas não se pode dizer que seja filosofia no sentido corrente; porque a primeira coisa que procura deixar clara é que a sabedoria vem de Deus, não é obra humana.

Toda a sabedoria vem do Senhor Deus,
ela sempre esteve com ele.
...
Quem pode contar os grãos de areia do mar,
as gotas de chuva, os dias do tempo?
Quem pode medir a altura do céu,
a extensão da terra, a profundidade do abismo?
...
A sabedoria foi criada antes de todas as coisas,
a inteligência prudente existe antes dos séculos!

São Paulo, duzentos anos depois, dirá isso com mais força e dramaticidade, apoiado na "loucura da cruz" que desafia a inteligência prosaica.

Qual é o primeiro passo na direção dessa sabedoria? O temor de Deus (como no extraordinário capítulo 28 do Livro de Jó, que parece uma interpolação).

"O temor de Deus", diz o Eclesiástico, "é um motivo de glória, uma fonte de alegria, uma coroa de regozijo." O que é essa ideia do "temor de Deus", sempre presente na Bíblia? Certamente não é o medo. É uma espécie de espanto diante de uma realidade inaudita, de uma coisa que não cabe em nossas medidas (os ingleses têm para isso um bom termo: *awe*).

E ele prossegue: "O temor do Senhor alegra o coração" (a melhor indicação de que não se trata de medo). "Quem teme o Senhor sentir-se-á bem no instante derradeiro, / no dia da morte será abençoado."

> O que é a ideia do "temor de Deus", sempre presente na Bíblia? Certamente não é o medo. É uma espécie de espanto.

O que vem depois? A referência a algumas virtudes básicas que é preciso trabalhar (toda sabedoria, para não ser frívola, precisando transbordar, em algum momento, para o plano do comportamento).

1) A PACIÊNCIA. "*Meu filho, se entrares para o serviço de Deus, / ... / prepara a tua alma para a provação; / humilha teu coração, espera com paciência, / ... / não te perturbes no tempo da infelicidade*" (o Cristo falaria, mais tarde, em "construir sobre a rocha").

"*Aceita tudo o que te acontecer. / ... / Pois é pelo fogo que se experimentam o ouro e a prata; / e os homens agradáveis a Deus pelo cadinho da humilhação*" (ponto de encontro, aqui, de todas as grandes tradições religiosas, que apontam o orgulho como o maior obstáculo ao progresso espiritual).

2) Piedade filial. Este é um velho tema confuciano. Por que é que a China antiga montou sobre esse princípio uma civilização inteira? Porque a famosa piedade filial é o sinal do coração que não endureceu e que é capaz de gratidão.

Qual seria, nesse contexto, a atitude básica no mundo? Ter consciência de que você recebeu, com a natureza humana, um tesouro inestimável, que não está ao alcance de outras formas de vida.

O que se espera de nós? Um mínimo de gratidão, como primeiro sinal de que você percebeu o alcance do dom recebido. E a primeira gratidão é direito dos pais. Se você tem essa atitude reverencial, "piedosa", em relação a seus pais, será capaz de dar o salto maior, e voltar o seu coração para a fonte de todos os bens.

> A famosa piedade filial é o sinal do coração que não endureceu e que é capaz de gratidão.

Diz o Eclesiástico: *"Deus quis honrar os pais pelos filhos, / e cuidadosamente fortaleceu a autoridade da mãe deles. / ... / Quem honra seu pai achará alegria em seus filhos, / será ouvido no dia da oração."*

E agora, num estilo bem antigo: *"A bênção paterna fortalece a casa de seus filhos, / a maldição de uma mãe arrasa-a até os alicerces."*

3) Humildade, como fonte de todas as virtudes (de novo, ponto de encontro das grandes tradições; mas foi para esse ponto que Nietzsche, muito em moda, voltou as suas baterias, propondo quase o contrário disso).

> *Quanto mais fores elevado, mais te humilharás em tudo,*
> *e perante Deus acharás misericórdia.*
> *...*
> *Não procures o que é elevado demais para ti;*
> *não procures penetrar o que está acima de ti.*
> *Mas pensa sempre no que Deus te ordenou.*
> *Não tenhas a curiosidade*
> *de conhecer um número elevado demais de suas obras,*
> *pois não é preciso que vejas com teus olhos os seus segredos.*

Andamos aqui em águas profundas, tratando dos limites do conhecimento. O desejo do conhecimento é um dos impulsos mais fortes da nossa natureza; e o sábio judeu é um eterno estudioso. Mas judeus e cristãos concordam em dizer que, em certos momentos, os desígnios de Deus são impenetráveis; e que, além disso, o conhecimento mais profundo não vem do intelecto. É esse drama do conhecimento que o Livro de Jó levará a uma discussão exaltada. Mas para os que estão imersos no amor de Deus não há drama, e sim um mistério, a ser revelado no fim dos tempos (e mesmo assim, diz a teologia católica, em momento algum chegamos a esgotar as riquezas da vida divina).

4) CARIDADE. Antecipação da mensagem cristã.

Meu filho, não negues esmola ao pobre,
nem dele desvies o olhar.
Não desprezes o que tem fome,
não irrites o pobre em sua indigência.
...
não rejeites o pedido do aflito
...
Aos que pedem não dês motivo de te amaldiçoarem pelas costas,
pois será atendida a imprecação
daquele que te amaldiçoa na amargura de sua alma.

Há nesse livro – como no dos Provérbios – coisas de sabedoria comum:

Se adquirires um amigo, adquire-o na provação,
não confies nele tão depressa.
Pois há amigo em certas horas
que deixará de o ser no dia da aflição.

Ou:

Não emprestes dinheiro a alguém mais poderoso do que tu,
pois, se emprestares, considera-o perdido.

Ou ainda:

Não tenhas ciúme da mulher que repousa no teu seio,
para que ela não empregue contra ti
a malícia que lhe houveres ensinado.

Essas eram coleções muito em voga na Antiguidade, a que não faltava o toque característico de uma cultura machista:

Não entregues tua alma ao domínio da tua mulher,
para que ela não usurpe tua autoridade.

Em compensação,

Não detenhas o olhar sobre uma jovem,
para que a sua beleza não venha a causar tua ruína.

Faz questão, o nosso sábio, de explicar que a sabedoria tem o seu preço:

Meu filho, aceita a instrução desde teus verdes anos;
ganharás uma sabedoria que durará até a velhice.
Vai ao encontro dela, como aquele que lavra e semeia;
espera pacientemente seus excelentes frutos;
terás alguma pena em cultivá-la,
mas, em breve, comerás os seus frutos.

...
Mete os teus pés nos seus grilhões [a disciplina],
e teu pescoço em suas correntes.
Baixa teu ombro para carregá-la,
não sejas impaciente em suportar seus liames.
...
Segue-lhe os passos e ela se dará a conhecer;
quando a tiveres abraçado, não a deixes.
Pois acharás finalmente nela o teu repouso.

Há, no Eclesiástico, marcas da educação antiga:

Tens filhos? Educa-os,
e curva-os à obediência desde a infância.
Tens filhas? Vela pela integridade de seus corpos,
não lhes mostres um rosto por demais jovial.

O sábio do Eclesiástico está sempre alerta contra o orgulho:

O início do orgulho num homem é renegar a Deus,
pois seu coração se afasta daquele que o criou.

E ele propõe, então, uma volta ao início dos tempos:

Deus criou o homem da terra,
formou-o segundo a sua própria imagem;
e o fez de novo voltar à terra.
Revestiu-o de força segundo a sua natureza;
determinou-lhe uma época e um número de dias.
Deu-lhe domínio sobre tudo o que está na terra.
...
cumulou-o de saber e inteligência.
...
Pôs o seu olhar nos seus corações
para mostrar-lhes a majestade de suas obras
[ideia sublime, a do olhar que enxerga a transcendência, mas que pode ser embotado por uma vida dissoluta].

Esse Deus onipotente pratica a misericórdia em relação ao homem:

Que é o homem e para que serve?
Que mal ou que bem pode ele fazer?
A duração da vida humana é quando muito de cem anos.
No dia da eternidade esses breves anos serão contados
como uma gota de água do mar, como um grão de areia.

É por isso que o Senhor é paciente com os homens,
e espalha sobre eles a sua misericórdia.
...

e reconhece que o fim deles é lamentável;
[a característica incerteza do Antigo Testamento quanto ao
   que seria a vida depois da morte]
é por isso que ele os trata com toda a doçura,
...
e os repreende como um pastor faz com seu rebanho.

Finalmente, ele se lança ao elogio da Sabedoria (capítulo 24). Mas, nesse ponto, é melhor dar voz ao Livro dos Provérbios, que, em seu capítulo 8, fez o mesmo com maior inspiração:

O Senhor me criou, como primícia de suas obras,
desde o princípio, antes do começo da Terra.
Desde a eternidade fui formada,
antes de suas obras dos tempos antigos.
Ainda não havia abismo quando fui concebida,
e ainda as fontes das águas não tinham brotado.
Antes que assentados fossem os montes,
antes dos outeiros, fui dada à luz;
antes que fossem feitos a terra e os campos
e os primeiros elementos da poeira do mundo.
Quando Ele preparava os céus, ali estava eu,
quando traçou o horizonte na superfície do abismo,
quando firmou as nuvens no alto,

quando dominou as fontes do abismo,
quando impôs regras ao mar,
para que suas águas não transpusessem os limites,
quando assentou os fundamentos da terra,
junto a ele estava eu como artífice,
brincando todo o tempo diante dele,
...
achando as minhas delícias junto aos filhos dos homens.

E agora, meus filhos, escutai-me:
felizes aqueles que guardam os meus caminhos.
Ouvi minha instrução para serdes sábios,
não a rejeiteis.
Feliz o homem que me ouve,
e que vela todos os dias à minha porta
e guarda os umbrais de minha casa!
Pois quem me acha encontra a vida
e alcançou o favor do Senhor.
Mas quem me ofende prejudica-se a si mesmo;
quem me odeia, ama a morte.

28. *Jó*

Depois de um livro como o Eclesiástico, o Livro de Jó aparece como um terremoto. É talvez o grito de dor mais sentido de toda a Bíblia — embora seja, evidentemente, uma criação literária e não uma história real; um poema genial sobre as voltas que pode dar o relacionamento entre Criador e criatura.

Como o Eclesiástico, reflete um período tardio da literatura bíblica, podendo ser um pouco mais antigo que o outro livro (há quem o situe por volta de 300 a.C.).

Israel vai levando a sua vida, sob o jugo dos sucessores de Alexandre. Ainda não estamos no tempo das grandes perseguições; a comunidade judaica, per-

> A vida tem suas armadilhas; e uma criatura humana pode encontrar-se, de repente, em extremos de abandono e de desolação.

dendo a independência política, adere às suas crenças, pratica os seus rituais. Mas a vida tem suas armadilhas; os desígnios de Deus são insondáveis; e uma criatura humana pode encontrar-se, de repente, em extremos de abandono e de desolação.

É o caso de Jó. Ele é o varão virtuoso, cumulado de bens materiais que, na velha tradição bíblica, eram a recompensa do justo. Mas essa bondade de Jó irrita o Tentador, que lança ao Altíssimo o seu desafio: Jó só é "certinho" porque tudo lhe sai bem na vida. E se ele perder o bem-estar e a saúde?

Javé aceita o desafio. Permite que o demônio atinja a família e as propriedades de Jó. Depois, permite que Jó seja atingido pessoalmente, recoberto de lepra. Contra os conselhos de sua mulher, Jó se recusa a amaldiçoar o autor de todas as coisas. "O Senhor deu, o Senhor tirou, bendito seja o nome do Senhor" é o seu refrão imortal.

Mas é mais difícil manter a paciência na discussão que em seguida começa entre Jó e seus amigos. Estes, em tons variados, aplicam a moral mais antiga da Bíblia: se Jó está sendo atingido, é porque deve ter alguma conta a expiar. E é contra essa moral antiga que Jó se insurge, em acentos apaixonados, culpando os amigos de não entenderem nada:

Ah, se pudessem pesar minha aflição,
e pôr na balança com ela meu infortúnio!
...

As setas do Todo-Poderoso estão cravadas em mim,
e meu espírito bebe o veneno delas;
os terrores de Deus me assediam.

...

Que é a minha força, para que eu espere,

...

Será que tenho a fortaleza das pedras,
e será de bronze minha carne?
Não encontro socorro algum,
toda esperança de salvação me foi tirada.

...

Porventura, disse-vos eu:"Dai-me qualquer coisa
de vossos bens, dai-me presentes,
livrai-me da mão do inimigo,
e tirai-me do poder dos violentos?"
Ensinai-me e eu calarei,
mostrai-me em que falhei.

...

Pretendeis censurar palavras?
Palavras desesperadas, leva-as o vento.

Expressões que não comovem muito os amigos, como se vê pelo discurso de Bildad:

Até quando dirás semelhantes coisas,
e tuas palavras serão como um furacão?
Porventura Deus fará curvar o que é reto,
e o Todo-Poderoso subverterá a justiça?
Se teus filhos o ofenderam,
ele os entregou às consequências de suas culpas.
Se recorreres a Deus,
e implorares ao Todo-Poderoso,
se fores puro e reto,
ele atenderá à tua oração e restaurará a morada da tua justiça;
...
Interroga as gerações passadas,
e examina com cuidado a experiência dos antepassados
...
eles podem instruir-te, falar-te.

Era a moral do velho Israel: aqui se faz, aqui se paga (a ideia de uma vida após a morte sendo, naquele momento, ainda bastante confusa para o judaísmo).

E Bildad continua, sólido como a rocha:

Não; Deus não rejeita o homem íntegro,
nem dá a mão aos malvados.
Ele porá de novo o riso em tua boca,

e em teus lábios, gritos de alegria;
teus inimigos serão cobertos de vergonha,
a tenda dos maus desaparecerá.

É a sabedoria tradicional – que em momento algum perdeu o seu valor; o que se poderia chamar de "sabedoria positiva". Mas Jó precisaria de mais do que isso no momento em que apertam os laços de sua tortura. Ele não está propriamente em rebelião, mas é como se ele pusesse em questão os próprios dados do problema – num contexto e num clima totalmente inaceitáveis para a "sabedoria positiva".

Ele acha, para seu desespero, acentos que têm poucos rivais em toda a literatura universal. Ele é o homem convicto, piedoso, que não entende mais a sua relação com o Altíssimo; que passa a olhar com terror para o ponto de onde viria, tradicionalmente, o consolo.

Sim, bem sei que é assim;
como poderia o homem ter razão contra Deus?
...
Deus é sábio em seu coração e poderoso,
quem pode afrontá-lo impunemente?
Ele transporta os montes sem que estes percebam,
ele os desmorona em sua cólera.

Sacode a terra em sua base,
...
Dá uma ordem ao sol para que não se levante,
põe um selo nas estrelas.
Ele sozinho formou a extensão dos céus,
e caminha sobre as alturas do mar.
Ele criou a Grande Ursa, Órion, as Plêiades,
e as câmaras austrais.
Fez maravilhas insondáveis, prodígios incalculáveis.

Ele passa despercebido perto de mim,
toca levemente em mim sem que eu tenha notado.
Quem poderá impedi-lo de arrebatar uma presa?
...
Se eu pretendesse ser justo, minha boca me condenaria;
se fosse inocente, ele me declararia perverso.

Inocente! Sim, eu o sou; pouco me importa a vida,
desprezo a existência.
Pouco importa, é por isso que eu disse
que ele faz perecer o inocente como o ímpio.
...
A terra está entregue nas mãos dos maus,
e ele cobre com um véu os olhos dos seus juízes;
se não é ele, quem é, pois?

Raíssa Maritain, durante a Segunda Guerra Mundial, escreveu um poema – "1943" – que é um eco moderno às exclamações de Jó: onde estava o Senhor dos Exércitos quando o corpo de Israel se desfazia em fumo nos campos de concentração?

Por causa do Holocausto, houve judeus que perderam a fé (Elie Wiesel, por exemplo). Outros acham, naqueles excessos de sofrimento, um motivo para se entregarem ainda mais nas mãos daquele que sabe o que nós não sabemos.

No Livro de Jó, a temperatura sobe constantemente, até que Jó, desesperando dos amigos, joga a sua luva no rosto do Altíssimo:

Mas é com o Todo-Poderoso que eu desejaria falar,
é com Deus que eu quero discutir.

Por estranhos caminhos, alguém poderia, aqui, se lembrar de Nietzsche. Para além das declarações abertas de ateísmo, não são livros como o *Ecce Homo* luvas lançadas contra o infinito?

Nietzsche enlouqueceu. Jó não enlouquece. E, num determinado momento, o Todo-Poderoso fala. Mas o que ele diz não é uma resposta direta: é um poema cósmico onde, mais uma vez, são postos em causa os limites do conhecimento humano.

Cinge os teus rins como um homem;
vou interrogar-te e tu me responderás.
Onde estavas quando lancei os fundamentos da terra?
Fala, se estiveres informado disso.
Quem lhe tomou as medidas, já que o sabes?
Quem sobre ela estendeu o cordel?
Sobre que repousam as suas bases?
Quem colocou nela a pedra de ângulo,
sob os alegres concertos dos astros da manhã,
...
Quem fechou com portas o mar,
quando brotou do seio maternal,
quando lhe dei as nuvens por vestimenta,
e o enfaixava com névoas tenebrosas;
quando lhe tracei limites,
...
dizendo: "Chegarás até aqui, não irás mais longe;
aqui se detém o orgulho de tuas ondas?"

E em seguida:

Algum dia deste ordens à manhã?
Indicaste à aurora o seu lugar,
para que ela alcançasse as extremidades da terra,
...

Foste até as fontes do mar?
Passaste até o fundo do abismo?
Apareceram-te, porventura, as portas da morte?
...
Abraçaste com o olhar a extensão da terra?
Fala, se sabes tudo isso!

É uma espécie de eloquência "cósmica" que também encontramos no Livro da Sabedoria.

Depois de dois discursos divinos, Jó responde:

Meus ouvidos tinham escutado falar de ti,
mas agora meus olhos te viram.
É por isso que me retrato,
e arrependo-me no pó e na cinza.

Para o plano racional, decepção completa: todas as perguntas ficam, aparentemente, em aberto. Mas o que o autor sugere é que Jó mudou de "plano existencial": o encontro com a realidade divina lhe deu um tipo de abertura que não faz parte do raciocínio convencional.

O que não impede que este seja um livro carregado de mistério, que provocou uma infinidade de comentários — como o "Resposta a Jó", de C.G. Jung.

29. *O precursor*

A figura impressionante de João Batista faz a passagem do Antigo para o Novo Testamento. Ele tem a veemência de um profeta dos velhos tempos, mas, ao contrário dos profetas antigos, que falavam do que ainda estava por vir, o Batista tinha diante dele a imagem do Cristo; e nada é mais comovente (e pedagógico) do que o modo como ele se apaga diante do Cordeiro de Deus: "Importa que Ele cresça, e que eu diminua." Ou então: "Eu não sou digno de desatar a correia da Sua sandália."

A vida de João começa da maneira mais extraordinária. Sua mãe, Isabel, estava no sexto mês de gravidez quando recebeu a visita da Virgem Maria, que acabara de ter o encontro com o anjo. Diz o texto de são Lucas: "Apenas Isabel ouviu a saudação de Maria, a criança estremeceu no seu ventre." E Isabel exclama em voz alta: "Bendita és tu entre as mulheres e bendito é o fruto do teu ventre. De onde me vem a honra de vir a mim a mãe do meu Senhor? Pois assim que a voz da tua saudação chegou aos meus ouvidos, a criança estremeceu de alegria no meu seio. Bem-aventurada és tu que creste, pois se hão de cumprir as coisas que da parte de Deus te foram ditas." Depois disso, silêncio sobre João, até que ele apareça pregando num vau do Jordão.

A marca do Batista é a radicalidade — o tom e a convicção de quem leva as coisas às últimas consequências. A presença de fariseus e saduceus entre as multidões que acorriam para ver o fenômeno — a aparição de um profeta, depois de séculos em que o céu parecia ter se calado — basta para lançá-lo numa fúria sagrada:

"Raça de víboras! Quem vos ensinou a fugir da cólera vindoura? Dai, pois, frutos de verdadeira penitência. E não digais, dentro de vós: 'Nós temos a Abraão como pai.' Pois eu vos digo: Deus é poderoso para suscitar destas pedras filhos a Abraão. O machado já está posto à raiz das árvores. Toda árvore que não produzir bons frutos será cortada e lançada ao fogo."

O machado na raiz da árvore: é a "radicalidade" do Batista, que não faz compromisso. O seu batismo é um rito de purificação: não se pode ter acesso a uma nova vida sem, de algum modo, dizer adeus às coisas que não combinam com essa vida nova.

> Não se pode ter acesso a uma nova vida sem, de algum modo, dizer adeus às coisas que não combinam com essa vida nova.

A sua imagem, pelo texto do Evangelho, é de uma severidade total: ele se vestia de pele de camelo, comia gafanhotos e mel silvestre. (Mas é bom lembrar que, para os lados do Oriente, gafanhoto faz parte do cardápio; e mel silvestre deve ser ótimo.) O registro que temos dele também é de uma concisão absoluta – pelo menos nesses textos evangélicos, ele só fala o essencial: dá a sua mensagem e depois deixa-se mergulhar na sombra do Cristo.

Mas há pelo menos um toque de mistério nessa história extraordinária: é quando, já preso, ele manda seus discípulos perguntarem a Jesus: "És tu mesmo, aquele que deve vir, ou devemos esperar um outro?" O que abre a porta para muitas conjecturas. Estaria João, nessa passagem, querendo apenas que o Cristo confirmasse o que os discípulos precisavam saber? Ou também ele, mesmo sendo primo de Jesus, foi envolvido naquela aura de mistério que cercava o Cristo, naquela revelação progressiva que obrigou a própria Virgem Maria a "guardar e meditar as coisas no seu coração"?

Respondendo aos mensageiros de João, Jesus Cristo usa um tom solene: "Ide e contai a João o que ouvistes e o que vistes: os cegos veem, os coxos andam, os leprosos são limpos, os surdos ouvem, os mortos ressuscitam, o Evangelho é anunciado aos pobres..." E, partindo os mensageiros, ele se dirige à multidão: "Que fostes ver no deserto? Um caniço agitado pelo vento? Que fostes ver, então? Um homem vestido com roupas luxuosas? Mas os que vestem essas roupas vivem nos palácios dos reis. Então, por que fostes para lá? Para ver um profeta? Sim, digo-vos eu, mais que um profeta. É dele que está escrito: 'Eis que eu envio meu mensageiro diante de ti para te preparar o caminho' (Malaquias). Em verdade vos digo: entre os filhos de mulher, não surgiu outro maior que João Batista." Ninguém, na Bíblia, recebeu um elogio semelhante.

Para personagem tão grandioso, a morte também deveria chegar de maneira especial. Herodes, o tetrarca, havia tomado como mulher a esposa de seu irmão Filipe, Herodíades. João Batista, em plena veia profética, lhe tinha mandado dizer: "Não te é permitido tomá-la por mulher." Sem demora, o terrível Herodes mandou prendê-lo e o enfiou, acorrentado, num buraco de prisão. Diz o Evangelho de Mateus: "De bom grado o mandaria matar; mas ele temia o povo, que considerava João um profeta."

Vem então a cena que os artistas, depois, transformaram em pintura (Beardsley), em ópera (Richard Strauss), em literatura (Oscar Wilde). É o aniversário de Herodes. A filha

> Para personagem tão grandioso como João Batista, a morte também deveria chegar de maneira especial.

de Herodíades, Salomé, executa em sua homenagem uma daquelas danças lascivas que poderia ser a "dança do ventre". Herodes vai se empolgando (no texto de Oscar Wilde, há muito tempo ele lançava olhares cobiçosos para a enteada). No fim da apresentação, ele jura à dançarina dar-lhe tudo o que ela pedisse. A menina vai consultar a mãe, que tinha ódio do Batista. E vem então a sinistra sugestão que a filha executa sem demora. Diante de Herodes, invocando o juramento, ela diz que quer, numa bacia de prata, a cabeça de João Batista. Pânico de Herodes, que devia ser um covarde, como todo tiranete. Pode-se imaginá-lo prometendo a Salomé riquezas e recompensas inéditas, se ela renunciasse ao pedido. A menina não se abala, exercendo a prerrogativa feminina de ser cruel com quem ela enfeitiçou. Herodes cede. "A cabeça foi trazida num prato e dada à moça, que a entregou à sua mãe", diz o texto sóbrio do Evangelho. "Vieram os discípulos de João trasladar seu corpo, e o enterraram. Depois foram dar a notícia a Jesus."

30. *Maria*

Os capítulos iniciais do Gênesis são misteriosos. Não é uma revelação racional, intelectual. Eles sugerem que, pelo pecado do homem, fechou-se o Paraíso.

O que isso quer dizer? Que há um tipo de comportamento que escurece o nosso universo interior, que prejudica a nossa visão de Deus. Representados por aquele primeiro casal humano, num instante de fraqueza nós nos afastamos do Amor, esquecemos o Amor. Então o Amor se retrai, e põe uma espada de fogo na entrada do Paraíso – para lembrar a gravidade das nossas escolhas.

Mas não se fecha para sempre, e, mais adiante, virá em pessoa estabelecer um diálogo conosco. Desde então, o conhe-

> Há um tipo de comportamento que escurece o nosso universo interior, que prejudica a nossa visão de Deus. Então o Amor se retrai.

cimento mais profundo é o que passa pelo Cristo – e, de novo, ultrapassa o nosso intelecto. Ele é a porta que outra vez se abre para o Paraíso, mas é uma passagem que supõe o nosso dom – assim como Ele se doou plenamente.

> Todas as grandes tradições religiosas estão de acordo: é preciso reencontrar o olhar original capaz de enxergar o verdadeiro Ser.

A árvore da ciência do bem e do mal – o que isso pode significar? Entre outras coisas, a multiplicidade, o mundo como nós o vemos prosaicamente, onde o bem e o mal andam misturados – e misturados de tal forma que uma confusa tristeza prejudica, ou impede, a visão do bem.

Comendo daquele fruto proibido, assumimos voluntariamente esse conhecimento fragmentado, e continuamos a fazer isso quando oscilamos entre coisas que nos aproximam de Deus e coisas que nos afastam dele. (Quem não conhece, ou nunca experimentou, aquele olhar carregado de desejo que nos transforma, de seres capazes de contemplação desinteressada, em aves de rapina?)

Nesse ponto, todas as grandes tradições religiosas estão de acordo: é preciso, com o maior esforço de que formos capazes, superar essa visão fragmentada (a que vai de um desejo a outro desejo); reencontrar o olhar original, a visão paradisíaca, a que é capaz de enxergar o verdadeiro Ser, que não confunde a realidade com as aparências.

Quem teve esse olhar? A Virgem Maria — e é por isso que falamos na sua Imaculada Conceição: uma criatura misteriosamente concebida sem a nossa tendência à fragmentação, sem essa vocação para o desequilíbrio que parece espreitar desde os nossos primeiros passos. Por isso ela é Cheia de Graça, porque nela a Graça entrava sem encontrar obstáculos.

E, assim, o mistério do reencontro tem como símbolo uma mulher, um ser igual a nós, 100% humano, que nasceu com uma missão especial.

A cena é das mais representadas em toda a arte ocidental: o anjo Gabriel foi enviado por Deus a uma cidade da Galileia chamada Nazaré, a uma virgem desposada com um homem que se chamava José, da casa de Davi (segundo os costumes da época, era ainda um noivado). A mensagem do anjo era algo inédito: "Eis que conceberás e darás à luz um filho, e lhe porás o nome de Jesus. Ele será grande e chamar-se-á Filho do Altíssimo." Ante a estranheza da virgem ("Como se fará isso, pois não conheço homem?"), ele a instrui: "O Espírito Santo descerá sobre ti, e a força do Altíssimo te envolverá com a sua sombra. Por isso

> Enquanto o anjo esperava uma resposta da Virgem Maria, era como se o Universo inteiro se pusesse em expectativa.

o ente santo que nascer de ti será chamado Filho de Deus."

O anjo espera uma resposta. É como se o Universo inteiro se pusesse em expectativa. Quando ela concorda – "Faça-se em mim a vontade do Senhor" –, a natureza ganha uma nova luz; e pouco depois, no encontro com santa Isabel, sairá de seus lábios o cântico do "Magnificat":

Minha alma engrandece ao Senhor,
meu espírito exulta em Deus, meu Salvador,
porque olhou para a humildade da sua serva;
de ora em diante, todas as gerações me chamarão
de bem-aventurada.

Mas ainda não era uma iluminação completa. Ela recebeu advertências que devem ter lhe causado calafrios – como a do velho Simeão: "Eis que este menino está destinado a ser ... um sinal de contradição; ... e uma espada atravessará a tua alma, a fim de que sejam revelados os segredos de muitos corações."

Alguma coisa deve ter ficado velada, desde o início – ou ela não conseguiria cumprir o seu papel de mãe. O que significa pôr no mundo o "Filho do Altíssimo"? O que isto quereria dizer para uma menina judia de quinze anos (uma idade plausível) educada numa religião que enfatizava a transcendência de Deus? Um piedoso véu pode ter coberto as suas intuições, amortecido o seu impacto. Como viveria ela se, desde o início, visualizasse a Paixão?

A vida corre em Nazaré – suficientemente lenta para que tanto ela quanto o menino cresçam "em graça e em sabedoria". Só uma vez essa tranquilidade é quebrada: quando o Jesus menino, aos doze anos, some em Jerusalém durante uma peregrinação. "Não sabias que eu e teu pai te procurávamos aflitos?", diz a mãe na hora do reencontro. Cena de uma vida comum: também nós temos de sair "à procura", aflitos, como que desconfiando de alguma coisa.

A resposta parece cortante: "Não sabíeis que devo ocupar-me das coisas de meu Pai?" (o pai que não era José). Era uma lembrança do plano da transcendência, daquela outra natureza que estava nele. Mas, depois, eles voltam a Nazaré, "e ele lhes era submisso", como qualquer menino. Quanta frivolidade já se escreveu sobre essa vida oculta! Até mesmo que ele teria ido à Índia fazer o seu mestrado em sabedoria! Que necessidade de inventar explicações difíceis e de turvar a limpidez da história...

Até onde podemos saber, ele ficou em Nazaré anos a fio. Não é esse o exemplo mais expressivo de que ele assumia plenamente a nossa natureza, o nosso dia a dia e até – por que não? – os nossos sobressaltos e as nossas decepções? Mesmo mais tarde, não vai ele decepcionar-se com as cidades que não quiseram ouvi-lo – Cafarnaum, Betsaida, Corozaim – e com os discípulos que não quiseram, ou não puderam, esperá-lo acordados no momento mais difícil da sua vida?

Nazaré é o processo da "formação humana" do Cristo. Quando ele sair de casa, aos trinta anos, para não mais voltar, o "curso" estará terminado; e, a partir daí, caberá a ele conduzir a profundidades novas a ideia do que é ser um homem ou uma mulher. E nesse caminho – como antes – só uma pessoa estará permanentemente a seu lado (ainda quando não fisicamente): sua mãe. É dela a mais íntima, a mais longa e mais completa meditação sobre a vida, Paixão e ressurreição do Cordeiro de Deus.

> Nazaré é o processo da "formação humana" do Cristo. Quando ele sair de casa, aos trinta anos, para não mais voltar, o "curso" estará terminado.

Os artistas tiveram a intuição disso quando retrataram, de mil maneiras, a Virgem com o menino; e, na outra ponta da história, a mãe ao pé da cruz; e, em seguida, a mulher que recebe o filho morto em seus braços – a Pietà. Que imagem, com efeito, pode dar melhor ideia da Piedade, da compaixão, do amor que sofre vendo o sofrimento do outro?

Mas essa mesma Virgem esteve presente no momento da Ascensão; e também na hora gloriosa de Pentecostes. Se, ali, os discípulos receberam a iluminação, para ela aquela descida do Espírito deve ter sintetizado e clarificado em grau máximo uma experiência de anos. Finalmente, as suas meditações chegavam a termo; ela "via", sem mais nenhum véu. Podia, a partir daí, dispensar as graças que lhe solicitamos na Ave-Maria. E pode nos ajudar a ler um livro que, só pelas nossas luzes, jamais será um livro plenamente aberto.

31. O Cristo

Muito mais que uma doutrina, o cristianismo é o próprio Cristo. Ser cristão é sentir a atração e o impacto dessa figura que viveu na Palestina no tempo dos imperadores romanos. E a Igreja propõe que a vida cristã seja uma imitação de Cristo — o que também é o nome de um famoso livro medieval.

Jesus de Nazaré é um personagem histórico, muito bem situado no tempo e no espaço. Lendo, sem pretensão, os Evangelhos, somos transportados para um cenário bem-definido. Esse homem que anda pelas estradas da Palestina, da Galileia para Jerusalém, fala como homem do seu tempo, imerso no judaísmo; seus exemplos são bem concretos,

> Muito mais que uma doutrina, o cristianismo é o próprio Cristo. E a Igreja propõe que a vida cristã seja uma imitação de Cristo.

extraídos do dia a dia. Não é, com certeza, um discurso para intelectuais.

No entanto, esses discursos remetem também a uma outra realidade. É como se a vida de todo dia ganhasse, de repente, uma dimensão extra, uma "terceira dimensão". O Cristo fala de si mesmo, mas fala também do "Pai que está no céu". E assim vai introduzindo seus ouvintes no que mais tarde ficaríamos conhecendo como o mistério da Trindade — uma realidade divina que existe, ela mesma, como uma relação de amor.

Esse fascínio que emana do carpinteiro de Nazaré é muito forte. Em alguns casos, ele diz a uma pessoa: "Vem." E ela vai, abandonando a família e os afazeres. Os milagres que eventualmente acontecem reforçam essa impressão. Como dizem os discípulos, no episódio da tempestade no lago: "Quem é este, a quem até o vento e o mar obedecem?"

Mas a presença do Cristo entre aquelas multidões compostas, a princípio, só de pessoas humildes, não é um rosário de milagres. Ele não faz milagre a qualquer hora, ou simplesmente porque alguém pede. Pelo contrário, em muitos casos ele esconde o milagre; manda que o beneficiário não conte a ninguém o que lhe aconteceu. No episódio da multiplicação dos pães, por exemplo, tem-se a nítida impressão de que só os discípulos perceberam o que estava acontecendo.

E na única vez em que o Cristo, antes da ressurreição, aparece em plena glória – no alto do monte Tabor –, ele tem o cuidado de fazer isso apenas para três discípulos escolhidos (os de sempre: Pedro, Tiago e João). E, descendo do monte, adverte-os severamente que não contem a ninguém o que tinham visto.

Essa é toda a trama do Evangelho; e, num certo sentido, é o que acontece ainda hoje: Jesus Cristo deixa os seus sinais, mas não aparece de modo estrondoso; como se quisesse dizer: "Eu não vou violar a sua liberdade com uma demonstração incontestável; quem tem olhos para ver, veja; quem tem ouvidos para ouvir, ouça."

É um tipo novo de profeta, de Messias; e poucas coisas são tão fascinantes, no decorrer dos Evangelhos, como esse modo que o Cristo escolheu para se revelar. Ele falava em parábolas, sabendo que elas seriam entendidas por uns, mas não por outros. E isso é tão verdade que os próprios discípulos, antes dos capítulos finais da sua vida terrena, parece que se perguntam: "Afinal, quem é ele?" É a pergunta que João Batista manda fazer, já aprisionado por Herodes: "És tu mesmo [o Messias], ou devemos esperar um outro?"

O Cristo não grita (a não ser no solitário episódio da expulsão dos vendilhões do Templo). O seu tom é o da conversa – como no admirável encontro com a samaritana.

O encontro já era, em si mesmo, "diferente", porque os judeus não se davam com os samaritanos. E também era inusitado que um homem dirigisse a palavra a uma mulher desconhecida. Mas dessas estranhezas surge uma das conversas mais instigantes do texto evangélico.

> O Cristo não grita. O seu tom é o da conversa, como no admirável encontro com a samaritana.

Jesus está voltando para a Galileia, vindo da Judeia, e passa pela Samaria. Era o meio-dia, dia de calor, e ele se detém na beira de um poço (sempre o poço, detalhe importantíssimo na vida daquelas regiões, fonte de água e de vida). Os discípulos tinham ido à cidade mais próxima buscar mantimentos, e Jesus está só quando chega uma samaritana para apanhar água. Segue-se o extraordinário diálogo, iniciado por Jesus:

"'Dá-me de beber.'

'Sendo tu judeu, como pedes de beber a mim, que sou samaritana?'

'Se conhecesses o dom de Deus, e quem é que te diz 'dá-me de beber', certamente lhe pedirias tu mesma, e ele te daria uma água viva.'

'Senhor, não tens com que tirá-la, e o poço é fundo... Onde tens, pois, essa água viva? És porventura maior do

O Cristo 205

que o nosso pai Jacó, que nos deu este poço, do qual ele mesmo bebeu e também os seus filhos e os seus rebanhos?'

'Todo aquele que beber desta água tornará a ter sede, mas o que beber da água que eu lhe der jamais terá sede. A água que eu lhe der virá a ser fonte de água jorrando para a vida eterna.'"

Nesse ponto, alguma coisa muda na atitude da samaritana:

"'Senhor, dá-me dessa água, para eu já não ter sede nem vir aqui tirá-la.'

'Vai, chama o teu marido e volta aqui.'

'Não tenho marido.'

'Tens razão em dizer que não tens marido. Tiveste cinco, e o que agora tens não é teu. Nisto disseste a verdade.'

'Senhor, vejo que és profeta... Nossos pais adoraram neste monte, mas vós dizeis que é em Jerusalém que se deve adorar.'

'Mulher, acredita-me, vem a hora em que não adorareis o Pai nem neste monte nem em Jerusalém. Vós adorais o que não conheceis, nós adoramos o que conhecemos, porque a salvação vem dos judeus. Mas vem a hora, e já chegou, em que os verdadeiros adoradores hão de adorar o Pai em espírito e em verdade, e são esses adoradores que o Pai deseja.'

... 'Sei que deve vir o Messias; quando, pois, vier, ele nos fará conhecer todas as coisas.'

'Sou eu quem fala contigo.'"

E a mulher vai correndo à cidade, e diz aos seus conhecidos: "Vinde e vede um homem que me contou tudo o que tenho feito. Não seria ele porventura o Cristo?"

Esse capítulo de são João é um exemplo perfeito do tom coloquial do Evangelho, do modo como o Cristo se aproximava de uma pessoa, colocando-se à altura dela, propondo muito mais que impondo. O final da conversa é invulgar, porque só em circunstâncias excepcionais ele se define claramente a si mesmo.

O mistério da pessoa persiste até o fim. Persiste até hoje, como se o Cristo fosse o grande enigma e o grande desafio da história do Ocidente. Mesmo anticristãos declarados como Nietzsche não escapam a esse fascínio (a obra de Nietzsche é uma espécie de Evangelho lido às avessas, mas se ele fosse indiferente ao Cristo, qual o motivo do que parece uma verdadeira obsessão com o Galileu?).

A doutrina também está lá, mas não tem o caráter "legalista" da tradição mosaica. Aliás, ele tinha dito explicitamente: "Não julgueis que vim abolir a Lei e os profetas. Não vim para os abolir, mas sim para levá-los à perfeição."

A doutrina cristã aparece assim, inicialmente – na boa tradição rabínica –, como um comentário à Lei de Moisés, à Torá. Mas o tom é inconfundível. E é marcado logo no primeiro grande discurso, que se tem chamado de Sermão da Montanha. Narra são Mateus: "Vendo aquelas multidões, Jesus subiu à montanha. Sentou-se e seus discípulos aproximaram-se dele. Então abriu a boca e lhes ensinava..."

O lugar atribuído pela tradição a esse discurso não passa de uma colina, que desce suavemente para as águas azuis do lago de Genesaré. Ali, quando se fala a favor do vento, as palavras são levadas muito longe. Esse longo sermão, que pode ter sido pronunciado assim mesmo, ou ser uma compilação de sermões distintos, é quase um resumo da doutrina cristã.

Bem-aventurados os pobres em espírito, porque deles é o Reino dos Céus.
Bem-aventurados os que choram, porque serão consolados.
Bem-aventurados os mansos, porque herdarão a terra.
Bem-aventurados os que têm fome e sede de justiça, porque serão saciados.
Bem-aventurados os misericordiosos, porque alcançarão misericórdia.

"Bem-aventurados" quer dizer "felizes". O Cristo está dando uma receita de felicidade, não de tristeza. E que receita é essa? Que você terá acesso a todos os bens do mundo, que você vai "herdar a terra", na medida em que abrir a mão crispada com que tentamos nos apossar de tudo, garantir tudo, ter poder sobre tudo. Nesse sentido é que o Evangelho, neste como em outros trechos, significa uma revolução, porque inverte as prioridades do "mundo". O que o Evangelho chama de "mundo", opondo o espírito do mundo ao espírito cristão, não é o cosmos magnífico que saiu das mãos de Deus: é a rede de interesses que forja o dia a dia das sociedades, a luta pelo poder e pelo dinheiro, o desejo de dominar, de transformar o prazer individual em regra universal. São Francisco de Assis, mais do que ninguém, entendeu esta lição do Evangelho: se você abraça a verdadeira pobreza, longe de ter perdido tudo, na verdade ganhou o mundo inteiro, porque a sua alma se liberta.

> Se você abraça a verdadeira pobreza, longe de ter perdido tudo, na verdade ganhou o mundo inteiro, porque a sua alma se liberta.

Claro, nem todos têm a vocação de um frade franciscano. Por isso é que a primeira bem-aventurança se refere aos "pobres em espírito" – aqueles que possuem as coisas como se não as possuíssem; que usufruem os bens deste mundo sem se deixarem aprisionar por eles, sem se tornarem escravos dos desejos, vassalos das paixões.

É uma doutrina que não é exclusividade do cristianismo: a mesma coisa dizem os budistas, ou o hinduísmo. Mas há palavras do Cristo que têm uma ressonância única, que são como que a sua "marca registrada". Por exemplo: "Amai os vossos inimigos, fazei bem aos que vos odeiam, orai pelos que vos perseguem. Deste modo sereis os filhos de vosso Pai do céu, pois ele faz nascer o sol tanto sobre os maus como sobre os bons, e faz chover sobre os justos e sobre os injustos. Se amais somente os que vos amam, que recompensa tereis? ... Se saudais apenas vossos irmãos, que fazeis de extraordinário? Não fazem isto também os pagãos?"

> O Reino não é uma coisa estática, como explicou o próprio Cristo em algumas de suas mais belas parábolas.

Quem, alguma vez, falou assim? Não são essas palavras que reviram todas as convenções, todos os nossos velhos hábitos, longamente adquiridos? Esta é a revolução do Cristo. E para seguir nessas águas temos que descobrir em nós uma nova criatura, soterrada sob séculos de conformismo e de egoísmo. Este é o caminho do Reino.

Impossível? Mas o Reino não é uma coisa estática, como explicou o próprio Cristo, em algumas de suas mais belas parábolas. Por exemplo: "O Reino dos Céus é comparável ao fermento que uma mulher toma e mistura em três medidas de farinha e faz fermentar toda a massa."

O fermento na massa: assim já foi descrito, muitas vezes, o poder misterioso da Palavra.

32. *Sentimentos*

Há o Cristo transcendente, de que falaram os Padres da Igreja e a intuição dos profetas. E há o Cristo cuja humanidade transborda como um rio de águas profundas. Essa fascinante humanidade aparece em histórias como a que conta são João. Para colocá-lo em dificuldades, escribas e fariseus tinham trazido uma mulher que fora apanhada em flagrante de adultério. Posta no meio da multidão, eles dizem a Jesus: "Moisés nos mandou apedrejar essas mulheres. E tu, o que dizes?"

A cena toma um rumo surpreendente: em vez de responder, Jesus se inclina para o chão e começa a escrever com o dedo na terra. Insistindo os fariseus, ele se levanta e diz: "Quem de vós estiver sem pecado, atire a primeira pedra." O desfecho também é surpreendente: "Sentindo-se acusados", escreve são João, "eles foram se retirando um a um, até o último, a começar pelos mais velhos."

Jesus fica sozinho com a mulher e lhe diz: "Mulher, onde estão os que te acusavam? Ninguém te condenou?" Ela responde: "Ninguém, Senhor." E Jesus: "Nem eu te condeno. Vai, e não peques mais."

Esse é o Cristo da misericórdia, que aparece muitas e muitas vezes. Mas ele tem todos os sentimentos humanos, ainda que expurgados de suas deformações. Por isso é que é falso o Cristo de algumas representações açucaradas. Ele pode, eventualmente, falar com a mesma severidade de um profeta antigo. E se há uma coisa que ele não tolera é a hipocrisia. Daí ele ser tão duro com os escribas e fariseus.

Os fariseus eram um dos partidos religiosos da velha Jerusalém. Não se pode condená-los indistintamente. Ao contrário dos saduceus, que eram, digamos, pragmáticos, e tratavam de acomodar-se a todas as situações, os fariseus eram os seguidores estritos da Lei mosaica. Tendiam a enrijecer devido às condições políticas e culturais da época.

Desde os tempos de Alexandre, a Palestina entrara no círculo de influência do helenismo — a tradição grega que Alexandre tratava de universa-

> O Cristo da misericórdia, que aparece muitas e muitas vezes, tem todos os sentimentos humanos, ainda que expurgados de suas deformações.

lizar. Era uma grande tradição, como atesta seu impacto no cristianismo dos primeiros séculos. Era o que havia de mais fino e sofisticado na época. Mas, com o seu brilhante cosmopolitismo, impunha um desafio frontal ao judaísmo – a começar por uma moral que ia se desfazendo e que feriria de morte tanto a cultura da Grécia como a de Roma.

Contra esse contágio é que se erguiam os fariseus – e que eles foram capazes de criar uma consciência heroica em Israel fica visível na epopeia dos macabeus.

Mas a natureza humana tem as suas armadilhas, e, por uma autoconsciência orgulhosa, os "doutores da Lei" podiam cair na mesma rigidez, na mesma miopia espiritual que atinge eventualmente um prelado católico ou um pastor protestante. É a deformação contra a qual, um pouco depois, vai lançar-se um são Paulo; a ilusão de que com a observância meticulosa dos textos da Lei garante-se a justificação – a salvação eterna. E tratando dessa cegueira espiritual, que se transforma em hipocrisia, o Cristo explode numa cólera terrível:

"Ai de vós, escribas e fariseus hipócritas! Vós fechais ao homem o Reino dos Céus! Vós mesmos não entrais nem deixais que entrem os que querem entrar.

"Ai de vós, escribas e fariseus hipócritas! Devorais as casas das viúvas, fingindo fazer longas orações. Por isso sereis castigados com muito maior rigor.

"Ai de vós, escribas e fariseus hipócritas! Percorreis mares e terras para fazer um prosélito, e, quando o conseguis, fazeis dele um filho do inferno duas vezes pior que vós mesmos.

...

"Ai de vós, escribas e fariseus hipócritas! Pagais o dízimo da hortelã, do coentro e do cominho, e desprezais os preceitos mais importantes da Lei: a justiça, a misericórdia, a fidelidade. Eis o que era preciso praticar em primeiro lugar, sem contudo abandonar o restante. ...

"Ai de vós, escribas e fariseus hipócritas! Limpais por fora o copo e o prato e por dentro estais cheios de roubo e de intemperança. Fariseu cego! Limpa primeiro o interior do copo e do prato, para que também o que está fora fique limpo."

Esse discurso apocalíptico termina com a predição da ruína de Jerusalém.

"Jerusalém, Jerusalém, que matas os profetas e apedrejas aqueles que te são enviados! Quantas vezes eu quis reunir teus filhos, como a galinha reúne seus pintinhos debaixo das asas... e tu não quiseste! Pois bem, a vossa casa vos é deixada deserta." E ele diz aos discípulos: "Vedes todos esses edifícios? Em verdade vos declaro: não ficará aqui pedra sobre pedra; tudo será destruído." Foi o que aconteceu com a cidade de Davi no ano 70 da nossa época, depois da revolução nacionalista esmagada pelo imperador Tito.

Os discursos apocalípticos, que são longos, precedem a narrativa da Paixão. O fim estava próximo, o que Jesus não podia ignorar. E é impossível não pensar, vendo esse Cristo tomado de cólera, que, além da Justiça divina, entrava nesse estado de espírito a agonia de um ser humano que via aproximar-se o momento da angústia suprema. Como Deus, ele aceitava. Como homem, sofria.

33. *Reflexões*

Sobre o mistério do Cristo debruçaram-se, ao longo dos séculos, santos, místicos, teólogos e também pessoas comuns. A seguir, algumas dessas visões.

Olivier Clément, importante teólogo ortodoxo moderno, parte do conceito de *kenosis*, palavra grega que significa "esvaziamento". São Paulo foi nessa mesma linha quando escreveu aos filipenses: "Sendo ele de condição divina, não se prevaleceu da sua igualdade com Deus, mas aniquilou a si mesmo, assumindo a condição de escravo e assemelhando-se aos homens. E sendo exteriormente reconhecido como homem, humilhou-se ainda mais, tornando-se obediente até a morte, e morte de cruz."

Clément (em *The Roots of Christian Mysticism*) reforça a ideia: "Jesus nos revela a face humana de Deus, um Deus que, numa loucura de amor, esvazia a si mesmo de modo que eu possa aceitá-lo com toda a liberdade, e encontrar, nele, espaço para a minha liberdade."

Santo Irineu de Lyon escrevia, no século II da era cristã: "A palavra de Deus se fez carne, e o Filho de Deus se tornou Filho do Homem, de modo que nós pudéssemos entrar em comunicação com a Palavra de Deus e, recebendo a adoção, tornar-nos filhos de Deus. De fato, não poderíamos ter parte na Imortalidade sem uma estreita união com o Imortal."

De novo Clément: "Em Jesus, entretanto, o mistério é ao mesmo tempo descoberto e escondido. Se o Deus Inacessível se revela no Crucificado, Ele é ao mesmo tempo um Deus escondido, que desconcerta nossas definições e expectativas."

Fala Dionísio Areopagita: "Pelo amor de Cristo, o Supraterreno revelou o seu mistério, e manifestou-se assumindo a nossa humanidade. Mas, apesar dessa manifestação, ele não perde nada do seu mistério. Nenhuma inteligência é capaz de penetrar sua natureza íntima."

Ainda Clément: "A Encarnação precisa ser situada no vasto esquema da Criação. As oscilações humanas fizeram dela uma trágica 'redenção', mas a Encarnação é, acima de tudo, o coroamento do plano original de Deus, a grande síntese, em Cristo, do humano, do divino e do cósmico."

Diz Máximo, o Confessor: "Cristo é o ponto para o qual converge a Providência [noção teilhardiana] e no qual todas as criaturas realizam a sua volta para Deus. Ele é o mistério que envolve todas as épocas. De fato, é por causa do Cristo, e do seu mistério, que todas as épocas existem, com tudo o que elas contêm. Essa síntese foi determinada desde o início: a síntese do limitado e do ilimitado, da medida e do que não pode ser medido, do Criador e da criatura, do repouso e do movimento. Na plenitude dos tempos, a síntese tornou-se visível em Cristo, e o plano de Deus se completou."

Escreve Gregório de Nissa, um dos grandes Padres da Igreja: "Ele se uniu ao nosso ser de modo a deificá-lo por esse contato, depois de arrancar-nos da morte. Pois a sua ressurreição tornou-se para os mortos a promessa de seu retorno à imortalidade."

Voltando a Clément: "A Encarnação foi, assim, o produto de uma longa história, um fruto suculento que amadureceu através dos tempos. Essa é a visão de santo Irineu, que já no século II elaborou uma verdadeira teologia da História, entendida como uma grande sucessão de alianças (com Adão,

> É por causa do Cristo, e do seu mistério, que todas as épocas existem, com tudo o que elas contêm.

Noé, Abraão, Moisés). Enquantoa humanidade assim exercitava a sua liberdade, um pequeno rebanho meditava e refinava suas expectativas, até que uma mulher, dando o seu indispensável consentimento, tornou finalmente possível a perfeita união do humano e do divino. Agora, a História continua. A Vida continua a ser oferecida, e não imposta."

E assim se chega ao mistério do Natal, cantado por Gregório Nazianzeno (outro dos velhos Padres gregos):

"Também eu proclamarei a grandeza desse dia: o imaterial se torna encarnado; a Palavra se faz carne; o invisível se torna visível, o que não tem tempo recebe um começo, o Filho de Deus se torna Filho do Homem. Esta é a solenidade que celebramos hoje: a chegada de Deus entre nós, de modo que possamos ir a Deus, ou, mais precisamente, voltar a Ele. Um milagre não de criação, mas, antes, de recriação. Honra a essa pequena Belém, que nos devolveu o Paraíso."

34. *O processo*

Por que Jesus Cristo foi levado à morte, no processo mais famoso de todos os tempos? Desde o início, ele cria uma inquietação. Não é um revolucionário, no sentido corrente. Houve quem quisesse fazer dele um Che Guevara palestino. Mas não é a mesma coisa. Israel, naquela época, fervia de ódio aos romanos. O Cristo não levou água para esse moinho (como se vê na famosa cena da moeda do tributo: "Dai a César o que é de César…").

> Jesus Cristo não é um revolucionário, no sentido corrente. Mas já houve quem quisesse fazer dele um Che Guevara palestino.

Mas há um tipo de estrutura que ele sacode: a do Templo, mistura de poder temporal e poder espiritual (a dominação romana deixava bastante espaço para administrações locais).

Essa mistura sempre ocasionou resultados estranhos – basta ver a história de alguns papas da Idade Média e da Renascença.

Na Palestina do século I, não devia ser diferente. Havia, com certeza, os bem-intencionados, os justos de que fala a Bíblia. Mas também haveria os que transformavam o Templo em motivo de orgulho e de dissipação. E, para estes, a pregação do Cristo é um incômodo.

Desde o início, ele causa admiração de um lado; perplexidade e irritação de outro. Afinal, quem é este homem, a quem as multidões seguem e de quem se reportam milagres? E como reconhecer importância a um simples carpinteiro que vem da Galileia, sem nenhum contato com as elites de Jerusalém?

Milagres à parte, exasperava os fariseus a maneira como o Cristo parecia ignorar tranquilamente regras para eles sagradas. Mesmo os discípulos do Batista, por exemplo, praticavam severos jejuns, dentro da tradição rabínica. Mas os discípulos de Jesus pareciam não se importar com isso.

Na verdade, aos jejuns fixados pela Lei, os "fundamentalistas" da época tinham acrescentado muitos outros. Todas as segundas e quintas-feiras do ano, por exemplo, eles eram vistos em roupas tristes, para assinalar que ofereciam a Deus as suas privações. O Cristo não alimentava a polêmica. Mas dizia: "Os amigos do esposo costumam jejuar durante as bodas? Mais tarde, quando ele não estiver mais lá, o tempo do jejum chegará." Referência à "idade de ouro" que os discípulos, sem o saberem, estavam vivendo, e que depois se transformaria em tempo de provação.

O choque foi ainda maior em relação ao *Shabbat* — o sábado, o repouso semanal. Segundo a tradição mosaica, este é o Dia do Senhor, o momento solene de lembrar o Criador; e, por conta disso, diz o Livro do Êxodo: "Trabalharás durante seis dias, mas o sétimo será um dia de descanso completo consagrado ao Senhor!" Nesse dia, nem fogo se podia acender em nenhuma casa. Mas os infindáveis comentários rabínicos foram acrescentando detalhe aos detalhes. No Talmude, o tratado referente ao sábado inclui 39 ações proibidas no repouso do Senhor, entre elas escrever mais que duas letras do alfabeto, desmanchar um nó ou levar um pacote além de uma determinada distância. Na Jerusalém de hoje, ainda há elevadores que funcionam sozinhos, para que você não tenha nem de apertar um botão.

Nesse sentido, a pregação do Cristo era uma simples volta ao bom senso. Dizia o preceito de um doutor: "Não se pode, no *Shabbat*, cortar um galho nem colher um fruto." Quando os discípulos de Jesus, num sábado, são vistos colhendo espigas para se alimentarem, os fariseus replicam: "Vejam, é proibido, e eles fazem assim mesmo!" Quase se pode sentir uma certa ironia na voz do Cristo, quando ele responde: "Quando Davi teve fome, ele não comeu o pão da proposição que era reservado apenas aos sacerdotes? Sabei, pois: o *Shabbat* foi feito para o homem, e não o homem para o *Shabbat*." Era o retorno a uma noção de simples humanidade, que costuma escapar aos fanáticos. E quando Jesus fez um milagre no *Shabbat*, curando um infeliz que tinha um braço ressecado, nenhuma hesitação subsistiu em seus espíritos. Diz o Evangelho: "Eles saíram e foram combinar com os herodianos a maneira de perdê-lo."

Uma outra diferença de fundo é a questão crucial da justificação. Para os doutores da Lei, justo diante de Deus é aquele que cumpre os preceitos. E o Cristo não mandou desprezar os preceitos. Mas você pode extrair orgulho da ideia de que é um cumpridor dos preceitos, um "homem reto". É a parábola do fariseu e do publicano. Na doutrina cristã, a ênfase está muito mais na noção da Graça, de uma salvação que vem de Deus, e não de nós mesmos.

Desde o início, ele vai dando aos discípulos lições de despojamento, de desprendimento: "As raposas têm as suas tocas, e os pássaros do céu os seus ninhos, mas o Filho do Homem não tem onde repousar a cabeça." E, um dia, ele começa a preparar os seus amigos para o que virá depois. A cena vem em seguida à exclamação de são Pedro: "Tu és o Cristo, filho de Deus vivo." Conta são Mateus: "Desde então, Jesus começou a manifestar aos discípulos que precisava ir a Jerusalém e sofrer muito da parte dos anciãos, dos príncipes dos sacerdotes e dos escribas. Seria morto e ressuscitaria ao terceiro dia. Pedro começou a interpelá-lo e protestar nestes termos: 'Que Deus não permita isto, Senhor! Isto não te acontecerá!'" O Cristo responde com uma violência inaudita: "Afasta-te, Satanás, tu és para mim um escândalo! Teus pensamentos não são de Deus, mas dos homens." Teria ele, neste momento, sentido o arrepio do que estava por vir?

Já então a cruz vai se desenhando no horizonte.

> Teria Jesus, neste momento, sentido o arrepio do que estava por vir? Já então a cruz ia se desenhando no horizonte.

35. *A Paixão*

A Paixão de Cristo já foi narrada tantas vezes que pode ter perdido o seu poder de impacto. Os pintores a retrataram de todos os modos – com mais sangue, menos sangue. Na liturgia católica, ela é lida todos os anos no domingo de Ramos, alternando-se as versões de são Lucas, são Marcos, são Mateus. Um filme recente de Mel Gibson trouxe-a de volta em toda a sua crueza. Houve quem gritasse: "Antissemitismo!" Não é bonito de se ver, e deixa o raciocínio lógico acuado. Os poetas conseguiram chegar mais perto, com as suas intuições maravilhosas. Como nesse trecho de Péguy:

> *Eis a situação em que Deus se meteu.*
> *Aquele que ama cai na dependência daquele que é amado.*
> *Deus não quis escapar a essa lei comum.*

E por seu amor, tornou-se servo do pecador.

Espantoso amor, espantosa caridade.

Espantosa esperança. Responsabilidade realmente espantosa.

O Criador pôs-se na condição de precisar de sua criatura.

Ele não pode fazer nada sem ela.

É como um rei que tivesse abdicado, nas mãos dos seus súditos.

Que despojamento de si, do seu poder.

Que imprudência, que imprevisão.

Que improvidência de Deus...

Os santos souberam o que aconteceu ali: um são Francisco, que recebeu os estigmas – as marcas da crucifixão; modernamente, um padre Pio, outro estigmatizado, que tinha de usar luvas para conter o sangue que lhe escorria das mãos durante a celebração da missa.

Sem chegar, nunca, a esgotar o mistério, o que dizer daquele drama que, na época, não causou o menor abalo, tão corriqueira era a crucifixão de judeus nas mãos dos romanos? Em toda missa católica, já no final repete-se a invocação: "Cordeiro de Deus que tirais os pecados do mundo..." Há aí duas noções importantes: a do "cordeiro de Deus", vítima sem manchas para o sacrifício; e a da ablação dos pecados. Mas que pecado?

Uma visão "cósmica" é a de dom Bede Griffiths, monge beneditino que viveu longos anos na Índia e absorveu alguma coisa da vastidão do pensamento oriental. Ele escreve (em *Return to the Center*):

"Nas coisas materiais, nas plantas e animais, a energia divina apresenta-se sob a forma de impulso cego, de instinto. Mas é essa luz divina que brilha nas estrelas e que irradia para a terra com suas pedras preciosas, suas flores, borboletas, pássaros e formas animais. É essa força divina que move as galáxias, energiza os átomos e moléculas, e as células vivas de que é feita a Terra.

"Mas, no ser humano, a vida divina reflete-se numa consciência, numa inteligência semelhante a ela. Essa energia é recebida por uma vontade, por uma capacidade de ação iluminada pela inteligência e, portanto, livre. Podemos reconhecer essa luz divina e nossa dependência em relação ao Bem supremo. Mas também podemos nos apropriar dessa luz divina, fazer de nós mesmos o juiz e o mestre, agir como se esse poder viesse de nós mesmos. Esse é o pecado original, essa é a grande ilusão. É então

> Também podemos nos apropriar da luz divina, fazer de nós mesmos o juiz e o mestre, agir como se esse poder viesse de nós mesmos.

que nos tornamos prisioneiros neste mundo do espaço e do tempo, perdemos a visão da eternidade."

É dessa tragédia existencial, dessa ilusão básica, que o Cristo vem nos libertar com a sua doação básica. O seu sacrifício tem diversos significados.

1) Ele fecha o ciclo dos sacrifícios do Antigo Testamento, onde o sangue era sinônimo de vida (sacrifício = *sacrum facere*, "tornar sagrado"). Mas agora é um sacrifício perfeito, porque o seu objeto é o "cordeiro de Deus". Difícil de ser entendido segundo a mentalidade de hoje; mas reafirma-se a continuidade entre a Antiga e a Nova Aliança.

2) Ele experimenta a humanidade até as últimas consequências, o poder do ódio, o sofrimento maior. Por isso é que se diz que, naquele momento, ele passa a ser verdadeiramente "nosso irmão": nenhum sofrimento humano lhe será estranho. É a mais consoladora de todas as mensagens.

3) Ele atravessa as portas da morte – esse velho espantalho da humanidade. A morte, para ele, torna-se a porta de passagem para uma outra realidade – para a vida verdadeira. O drama da Paixão é um arco que começa na agonia do Horto e termina no sepulcro vazio. "Ressuscitou!", diz o anjo. "Ó morte, onde está a tua vitória?", exclama são Paulo.

É preciso evitar, aqui, uma visão convencional que diz ser a cruz um sacrifício sangrento destinado a aplacar um Deus furioso com os nossos pecados. Em vez disso, explica Karl Rahner, esse ato redentor é uma pura iniciativa do amor divino, e não é desencadeado por alguma coisa que esteja "fora de Deus".

Não é que um Deus zangado tenha vindo consertar alguma coisa que tinha dado errado. Ele não veio (para voltar ao padre Varillon) consertar o que Adão teria estragado, e sim aprofundar o seu compromisso com o mundo, num gesto de amor gratuito. A antiga aliança é ultrapassada do modo mais surpreendente. Deus, nosso irmão: quem poderia imaginar? Deus que se liga à nossa humanidade, porque o Cristo se revela tanto humano quanto divino. Deus que, sacrificando-se ele mesmo, lava os pecados do mundo com um sangue regenerador...

Nunca cessaremos de arregalar os olhos diante desse ato espantoso. Que esse espanto não crie, entretanto, uma distância artificial e invencível entre a nossa vida e a vida do Cristo. Se fosse assim, não teria valido a pena! É Henri Nouwen quem escreve: "Não apenas Ele veio para nos livrar dos grilhões do pecado e da morte: Ele também veio para nos conduzir à interioridade da vida divina!"

> Jesus não veio consertar o que Adão teria estragado, e sim aprofundar o seu compromisso com o mundo, num gesto de amor gratuito.

Custa-nos entender o que isso significa. Tendemos a enfatizar a distância entre Jesus Cristo e nós mesmos. Vemos Jesus como o todo-poderoso Filho de Deus, inalcançável para nós, pecadores. Mas, pensando assim, esquecemos que o Cristo veio nos comunicar a sua própria vida. Isso é o que ensina cada linha do Evangelho. Só quando percebermos essa radical novidade do Evangelho é que saberemos o que é a vida espiritual. Tudo o que pertence a Jesus nos é dado, nos é oferecido gratuitamente.

36. *Ressurreição*

Jesus Cristo morreu numa sexta-feira, quando começa o *Shabbat* judaico. Foi enterrado na própria sexta, na sepultura de um judeu rico — José de Arimateia — que pedira o seu corpo a Pilatos.

O que acontece depois é tão surpreendente que dispensa adjetivos. "No primeiro dia que se seguiu ao sábado", conta são João, "Maria Madalena foi ao sepulcro, de manhã cedo, quando ainda estava escuro. Viu a pedra [que bloqueava a entrada] removida. Correu e foi dizer a Simão Pedro e ao outro discípulo a quem Jesus amava [o próprio João]: 'Tiraram o Senhor do sepulcro, e não sabemos onde o puseram.' Saiu então Pedro com aquele outro discípulo e foram ao sepulcro. Corriam juntos, mas aquele outro discípulo correu mais depressa do que Pedro e chegou primeiro ao sepulcro. Inclinou-se e viu ali os panos no chão, mas não entrou. Chegou Simão Pedro, que o seguia, entrou no sepulcro e viu os panos postos no chão. Viu também o sudário que estivera sobre a cabeça de Jesus. Não estava, porém, com os panos, mas enrolado num lugar à parte. Então entrou também o discípulo que havia chegado primeiro ao sepulcro. Viu e creu. Em verdade, ainda não haviam entendido a Escritura, segundo a qual Jesus devia ressuscitar dentre os mortos. Os discípulos, então, voltaram para as suas casas."

Continua são João: "Maria, entretanto, conservava-se do lado de fora, perto do sepulcro, e chorava. Chorando, inclinou-se para olhar dentro do sepulcro. Viu dois anjos vestidos de branco, sentados onde estivera o corpo de Jesus, um à cabeceira e outro aos pés. Eles lhe perguntaram: 'Mulher, por que choras?' Ela respondeu: 'Porque levaram o meu Senhor, e não sei onde o puseram.' Ditas estas palavras, voltou-se para trás e viu Jesus em pé, mas não o reconheceu. Perguntou-lhe Jesus: 'Mulher, por que choras? Quem procuras?' Supondo que fosse o jardineiro, ela respondeu: 'Senhor, se tu o tiraste, dize-me onde o puseste e eu o irei buscar.' Disse-lhe Jesus: 'Maria!' Voltando-se, ela exclamou em hebraico: *'Rabôni!'* (que quer dizer: Mestre). Disse-lhe Jesus: 'Não me toques, porque ainda não subi a meu Pai, mas vai a meus irmãos e dize-lhes: Subo para meu Pai e vosso Pai, meu Deus e vosso Deus.' Maria Madalena correu para anunciar aos discípulos que tinha visto o Senhor e contou-lhes o que ele tinha falado."

Até aqui, são João. Os quatro evangelistas diferem um pouco nessas narrativas, mas concordam no essencial. Há a famosa cena da entrada de Jesus no Cenáculo, onde os discípulos estavam reunidos e onde Tomé se arrepende de ter duvidado. Há, em são Lucas, a história maravilhosa dos discípulos de Emaús, que repete um parâmetro muito comum nos Evangelhos – o Cristo aparecendo suavemente, deixando-se descobrir aos poucos. E, na sequência dessa história, também em são Lucas, há uma aparição que parece ser anterior às outras. Jesus se mostra no meio dos discípulos e lhes diz: "A paz esteja convosco." Segue o texto: "Perturbados e espantados, pensaram estar vendo um espírito. Mas ele lhes disse: 'Por que estais perturbados, e por que essas dúvidas nos vossos corações? Vede minhas mãos e meus pés, sou eu mesmo, apalpai e vede.' ... Mas vacilando eles ainda, transportados de alegria, Jesus perguntou: 'Tendes aqui alguma coisa para comer?' Então ofereceram-lhe um pedaço de peixe assado. Ele tomou e comeu à vista deles."

A simplicidade do texto mal esconde, aqui, a complexidade teológica. É assim que se comportam o que a Igreja chama de "corpos gloriosos", aqueles que já estão além da morte? Ou o exemplo só se aplica ao Cristo? Entre os itens do Credo está o da "ressurreição da carne". São Paulo foi o primeiro a teorizar sobre o assunto, na primeira Epístola aos Coríntios:

"Semeado na corrupção, o corpo ressuscita incorruptível; semeado no desprezo, ressuscita glorioso; semeado na fraqueza, ressuscita vigoroso; semeado animal, ressuscita corpo espiritual.

"Se há um corpo animal, também há um espiritual. ... O primeiro homem, tirado da terra, é terreno; o segundo veio do céu. ... Assim como reproduzimos em nós as feições do homem terreno, precisamos reproduzir as feições do homem celestial. O que afirmo, irmãos, é que nem a carne nem o sangue podem participar do Reino de Deus."

E vem a grandiosa conclusão:

"Eis que vos revelo um mistério: nem todos morreremos, mas todos seremos transformados, num momento, num abrir e fechar de olhos, ao som da última trombeta. Os mortos ressuscitarão incorruptíveis, e nós seremos transformados. É necessário que este corpo corruptível se revista da incorruptibilidade, e que este corpo mortal se revista da imortalidade.

> Nem todos morreremos, mas todos seremos transformados, num momento, num abrir e fechar de olhos, ao som da última trombeta.

Ressurreição

"... quando este corpo mortal estiver revestido da imortalidade, então se cumprirá a palavra da Escritura: ... 'Ó morte, onde está a tua vitória? Onde está, ó morte, o teu aguilhão?'"

37. *Pentecostes*

O Cristo ressuscitado sobe aos céus, como narram em poucas linhas são Marcos e são Lucas (nos Atos dos Apóstolos, a cena é ligeiramente maior). A primeira comunidade cristã encontra-se em Jerusalém, ainda atordoada com tudo o que aconteceu. E vem então a festa de Pentecostes – no judaísmo, a grande festa das colheitas, comemorada cinquenta dias depois da Páscoa.

Os discípulos estavam reunidos no Cenáculo – uma sala grande onde se fechavam para fazer suas orações. Conta o Livro dos Atos: "De repente, veio do céu um ruído, como se soprasse um vento impetuoso, e encheu toda a casa. Apareceram então como que línguas de fogo, que se repartiram e pousaram sobre cada um deles. Ficaram todos cheios do Espírito Santo e começaram a falar em outras línguas, conforme o Espírito Santo lhes concedia que falassem." É o "dom das línguas", muito mencionado, hoje, nas comunidades carismáticas. Estando Jerusalém repleta de peregrinos, vindos dos mais diversos países, cada um deles ouve os apóstolos falarem na língua que lhes é familiar. Espanto; uns dizem: "Eles devem estar bêbados." É então que são Pedro toma a palavra e, num eloquentíssimo discurso, sintetiza os fatos extraordinários ocorridos a partir da condenação e morte de Jesus. Mal reconhecemos, nesse discurso, o Pedro impetuoso e rude das narrativas evangélicas.

Assim o Espírito Santo — e com ele o mistério da Trindade — faz a sua entrada plenária na história do cristianismo.

É um mistério que vinha sendo esboçado desde o início do que chamamos de Novo Testamento. Está nas palavras do anjo à Virgem Maria: "O Espírito Santo descerá sobre ti, e a força do Altíssimo te envolverá com a sua sombra." Está na narrativa do batismo de Jesus feita por são Mateus: "Depois que Jesus foi batizado, saiu logo da água. Eis que os céus se abriram e desceu sobre ele, em forma de pomba, o Espírito de Deus. E do céu baixou uma voz que dizia: 'Eis o meu filho muito amado, em quem ponho a minha complacência.'" (A partir daí, toma corpo aquela representação tradicional da Trindade, com um Deus Pai de barba branca e Jesus Cristo quase sempre crucificado.)

Mas esses sinais ficam escondidos (e até obscuros) nos inícios do Evangelho. Mais claro e mais forte é o modo como o Cristo se coloca sempre em relação ao Pai. Esta é quase que a costura íntima dos Evangelhos. Como nas Bem-Aventuranças: "Nem todo aquele que diz 'Senhor, Senhor' entrará no Reino dos Céus, mas sim aquele que faz a vontade de meu Pai que está no céu." Ou quando ele manda os discípulos em missão, advertindo-os de todas as dificuldades que encontrariam: "Quem der testemunho de mim diante dos homens, também eu darei testemunho dele diante do meu Pai que está nos céus. Aquele, porém, que me negar diante dos homens, também eu o negarei diante de meu Pai." E a frase definitiva: "... ninguém conhece o Filho, senão o Pai, e ninguém conhece o Pai, senão o Filho e aquele a quem o Filho quiser revelá-lo."

Nos últimos momentos da vida de Cristo, essa relação se torna uma súplica angustiada. Mas, antes de chegar àquelas frases terríveis – "Meu Deus, meu Deus, por que me abandonaste?" –, o Cristo tinha consolado os discípulos introduzindo na vida divina o seu terceiro elemento. É a Quinta-Feira Santa, véspera da Paixão, Jesus está reunido com os amigos para a sua última ceia – a ceia da Páscoa. O ambiente é de tristeza, porque Jesus acabou de comunicar-lhes que está voltando para o Pai. "Porque vos falei assim, a tristeza encheu o vosso coração. Entretanto, eu vos digo: convém a vós que eu vá! Porque se eu não for, o Paráclito não virá a vós [Jesus usa uma palavra que significa 'advogado', 'consolador']; mas se eu for, eu vo-lo enviarei. E quando ele vier, convencerá o mundo a respeito do pecado, da justiça e do juízo." E logo adiante: "Quando vier o Paráclito, o Espírito da verdade, ensinar-vos-á toda a verdade." E num outro trecho de são João: "Se me amais, guardareis os meus mandamentos. E eu rogarei ao Pai, e ele vos dará um outro Paráclito, para que fique eternamente convosco. ... Ele vos ensinará todas as coisas, e vos recordará tudo o que vos tenho dito."

Se os discípulos tinham alguma dúvida sobre o significado de Paráclito, ela se dissipa na grande festa de Pentecostes, de onde eles saem impregnados de uma energia que mudará o mundo.

O Espírito Santo está no pórtico de toda oração cristã: "Em nome do Pai, do Filho e do Espírito Santo." Ele é uma presença avassaladora na vida de muitos santos. Mas se não se pode imaginar a vida cristã sem ele, também é a partir dessa realidade que os teólogos encontraram caminhos esplêndidos para falar da própria vida divina.

A Trindade, claro, coloca um desafio à razão humana. Nós dizemos: "Um Deus em três pessoas." O que quer dizer isso? Mesmo figuras extraordinárias como um santo Agostinho quebraram a cabeça tentando penetrar esse mistério. De santo Agostinho se conta até uma história famosa (lenda? verdade?): que ele estava na beira da praia, raciocinando sobre a Trindade, quando viu um menino que, com um pequeno balde, jogava água do mar num buraco. Ele para e pergunta à criança o que ela estava fazendo. "Estou passando o mar para este buraco", ela responde. "Você não vê que isso é impossível?", diz o santo. "Pois é", vem a resposta, "é o mesmo que querer botar a Trindade dentro da sua cabeça" – e a criança desaparece.

> A Trindade coloca um desafio à razão humana. O que quer dizer isso? Mesmo santo Agostinho quebrou a cabeça tentando penetrar esse mistério.

Não devia ser tão difícil; e nem é, dizem os santos, a menos que você esteja trabalhando no plano da satisfação intelectual. Pela via do amor é diferente – diria uma Elizabeth de La Trinité, santinha francesa do começo do século XX. Pois se faz parte da realidade divina, não somos nós chamados a participar, progressivamente, dessa realidade?

Há interpretações modernas luminosas sobre a Trindade – como a do padre Jean-Noël Bezançon, que passo a citar generosamente, como fiz com o padre Varillon.

Ele escreve (em *Dieu n'est pas solitaire*): "A Criação, o mundo, reflexo de Deus sem ser Deus, já podia nos ter sugerido que Deus não está fechado em si mesmo, que ele é capaz de alteridade, que no seu próprio ser, e não somente na sua obra, ele não é senão amor e relação. A Criação já poderia nos ter feito discernir a Trindade; o deslumbramento diante da Criação, dessa generosidade de Deus, que suscita diante dele um ser diferente dele para poder entrar em relação com ele, já poderia nos ter feito adivinhar que Deus não é solitário. Deus quis a criação para que o homem surgisse. Deus quis o homem para estabelecer uma aliança com ele. E essa aliança nos põe a caminho da revelação de um Deus que é, ele mesmo, relação."

> Deus não é solitário. Deus quis a criação para que o homem surgisse. Deus quis o homem para estabelecer uma aliança com ele.

Há uma linha tradicional de teologia que tende a identificar Deus com o Ser absoluto. É uma linha que parte da grande revelação de Moisés, quando encontra a sarça ardente e ouve as palavras "Eu sou Aquele que É" (ou "Eu sou Aquele que Sou").

Que Deus é o Ser absoluto, nenhum cristão poderá negar. Mas, diz o padre Bezançon, a própria realidade do Cristo nos transporta da filosofia para a vida. Com o Cristo, ficamos sabendo que Deus é relação.

"Quando, no século IV e no século V, os Padres da Igreja, tanto no Oriente como no Ocidente, começaram a falar de pessoas para designar o Pai, o Filho e o Espírito Santo, não é que eles tivessem em mente uma noção clara de Pessoa. Mas eles queriam assinalar que se tratava de três 'alguma coisa'. Como dizia Gregório Nazianzeno, 'há um outro, e um outro'. E santo Agostinho, enquanto dedicava volumes e volumes à meditação do mistério trinitário, confessava modestamente: 'Já que o Pai não é o Filho, nem o Filho o Pai, já que o Espírito Santo não é nem o Pai nem o Filho, eles são três, obviamente. Mas se nós perguntamos: três o quê?, a palavra humana é evidentemente insuficiente.'"

A isso os místicos respondem com a experiência concreta. São Serafim de Sarov, por exemplo, em seus famosos *Diálogos com Motovilov*, fala do Espírito Santo e, de repente, aparece ao seu interlocutor envolto numa névoa fulgurante.

Sem ser um místico, o padre Bezançon segue o que está no texto evangélico: "O que aprendemos com Jesus é que ser Deus, para o Pai, o Filho e o Espírito Santo, é ser 'para', é comunicar-se. Como ensinava Maurice Zundel, 'nós sabemos que em Deus só existe um modo de existir, que é se dar. A vida de Deus vai na direção de um Outro. A vida divina aparece, assim, toda ela concentrada, expressa, nesse dom mútuo do Pai ao Filho, e do Filho ao Pai, na unidade do Espírito Santo'.

"Para explicitar o engajamento de Deus conosco, a Bíblia desdobra todas as imagens das relações familiares, as relações que nos fazem existir. Deus é um pai para Israel e para o seu rei. É como uma mãe cujas entranhas se comovem diante da miséria do filho. Deus é um esposo que não desanima com as infidelidades da Sua companheira. A grande revelação de Jesus foi manifestar que o que Deus é assim para nós, relação e dom, Ele é inicialmente em si mesmo, desde sempre. Sua relação conosco deixa entrever o movimento das relações entre o Pai, o Filho e o Espírito Santo, movimento de que nós somos convidados a participar."

E finaliza o padre Bezançon: "Se, para o Pai, o Filho e o Espírito Santo, ser alguém não é dobrar-se sobre si mesmo, crispando-se na sua identidade, mas é sair de si na direção de um outro, para que ele exista, descobrimos então que a pessoa verdadeira não é o indivíduo preocupado somente com ele mesmo. Ela é relação e vocação para a comunhão. E nós podemos assim entrever aquilo para o qual fomos feitos, nós que fomos criados à imagem e semelhança de Deus."

Referências bibliográficas

Bezançon, Jean-Noël. *Dieu n'est pas solitaire*. Paris, Desclée de Brouwer, 1999.

Bíblia sagrada. Tradução portuguesa da versão francesa dos originais grego, hebraico e aramaico, traduzidos pelos monges beneditinos de Maredsous (Bélgica). São Paulo, Editora Ave-Maria, 179ª ed., 2008.

Clément, Olivier. *The Roots of Christian Mysticism*. Londres, New City, 1993.

Eliade, Mircea. *Le sacré et le profane*. Col. Folio Essais, Paris, Gallimard, 1965.

Griffiths, Dom Bede. *Return to the Center*. Templegate, EUA, 1982.

Varillon, François. *Joie de croire, joie de vivre*. Paris, Bayard, 2000.

Sobre o autor

LUIZ PAULO HORTA (1943-2013), jornalista e escritor, ocupou a cadeira n.23 da Academia Brasileira de Letras desde 2008, cujo primeiro ocupante foi Machado de Assis, e foi membro da Academia Brasileira de Música, da Academia Brasileira de Artes e da Comissão Cultural da Arquidiocese do Rio de Janeiro. Um dos maiores especialistas em teologia da imprensa brasileira, presidiu o Centro Dom Vital, núcleo de pensamento católico, e ministrou cursos sobre a Bíblia na PUC-Rio. Por quase três décadas escreveu no jornal *O Globo* artigos, editoriais e críticas de música clássica, funções estas que antes também exerceu, durante vinte anos, no *Jornal do Brasil*. Publicou pela Zahar diversos livros: *Caderno de música* (1983); *Villa-Lobos: uma introdução* (1987); *Música clássica em CD: guia para uma discoteca básica* (1997); *A música das esferas: crônica dos anos 90* (1999); *Sete noites com os clássicos* (1999) e *A Bíblia: um diário de leitura* (2011); além de ter colaborado na edição do *Dicionário Zahar de música* (1985), do *Guia do ouvinte de música clássica* (1988) e do *Dicionário Grove de música* (1994).

A marca FSC é a garantia de que a madeira utilizada na fabricação
do papel deste livro provém de florestas de origem controlada
e que foram gerenciadas de maneira ambientalmente correta,
socialmente justa e economicamente viável.

Este livro foi composto por Mari Taboada em Cochin
e Perpetua 12,5/17,8 e impresso em papel pólen soft 70g/m² e
cartão triplex 250g/m² por Geográfica Editora em janeiro de 2014.